Heidelberg

am Neckar

Bildführer durch Schloß und Stadt
mit 80 Farbaufnahmen

Heidelberg vom Neuenheimer Ufer, um 1850

Text: Max Stolpmann

Kraichgau Verlag GmbH

Allerlei Wissenswertes

Verehrter Gast,

die Ruine des Heidelberger Schlosses gehört neben der Akropolis und dem Schloß von Versailles zu den Sehenswürdigkeiten in Europa. Die Zahl ihrer Besucher wird auf über 3 Millionen im Jahr geschätzt. Sie steht im Zentrum einer überwältigenden Komposition aus Fluß und Berg, Dächergewirr und beruhigendem Grün des Waldes. Zahlreiche Dichter wie Scheffel, Brentano, Arnim, Görres, Hölderlin, Eichendorff und Jean Paul rühmten Stadt und Ruine und machten Heidelberg zum Inbegriff deutscher Romantik.
Auch die Universität trug viel zur Beliebtheit der Stadt in aller Welt bei. Gegründet 1386, ist sie die älteste Hochschule Deutschlands. Diesem Ruf sieht sich Heidelberg besonders auch auf dem Gebiet der kulturellen Angebote verpflichtet. Neben den bemerkenswerten Inszenierungen der Städtischen Bühne verdienen die berühmten Freilichtspiele auf dem Schloßhof besondere Beachtung. Eine reiche Auswahl findet der Musikliebhaber auf dem Veranstaltungskalender: Schloßkonzerte und Aufführungen des städtischen Orchesters und anderer Chor- und Musikvereinigungen konkurrieren mit den berühmten Orgelkonzerten in der Heiliggeistkirche. Unter den zahlreichen Ausstellungen ragt das Kurpfälzische Museum heraus sowie die Universitätsbibliothek mit mehr als 2,2 Millionen Büchern und Handschriften. Leichte Unterhaltung bieten die etwa ein Dutzend Filmtheater. Ein aktueller Veranstaltungskalender informiert Heidelbergs Gäste über das Angebot und den Kartenvorverkauf.
Für Tagungen verfügt die Stadt über ein modern ausgestattetes Kongreßhaus. Neuzeitliche Einrichtungen wie die 4 Hallenbäder, 2 Freibäder, 600 km Wanderwege mit Parkplätzen, Orientierungstafeln, Trimmpfaden und Grillplätzen bieten dem Gast neben vielen Sportstätten ein breites Spektrum attraktiver Freizeitmöglichkeiten. Wer es beschaulicher liebt, besucht den sehenswerten Tiergarten oder den benachbarten Botanischen Garten.
Mittelpunkt eines Heidelberg-Besuchs aber ist die Besichtigung der Schloßruine, des Großen Fasses und des Schloßparks, die sich mit Hilfe dieses Büchleins in etwa 1½ Stunden in eigener Regie durchführen läßt. Der Rundgang durch die Stadt (ab S. 38) hält sich an den vom Heidelberger Verkehrsverein vorgeschlagenen und ausgeschilderten Weg. Er beginnt am Universitätsplatz und dauert - ohne Innenbesichtigungen - etwa 2 Stunden. An den Wochenenden können sich Heidelbergs Besucher auch einem Gästeführer anschließen. Wer weniger gut zu Fuß ist, läßt sich mit dem Bus zu den Sehenswürdigkeiten kutschieren. Daneben bietet der Verkehrsverein gelegentlich Stadtteilführungen zu speziellen Themen, zu Fuß oder per Rad.
Die im zweiten Weltkrieg verschont gebliebene Stadt hat ähnlich mit Verkehrsproblemen zu kämpfen wie andere Großstädte. Trotz

Die weltberühmte Ruine des Heidelberger Schlosses über der Altstadt. Im Vordergrund die Alte Brücke mit ihrem historischen Torbau.

der fast 5000 Einstellplätze in den Parkhäusern und Tiefgaragen im Altstadtbereich genügt die Kapazität nicht, so daß sie dem Autoreisenden Parkmöglichkeiten in den Außenbezirken - mit kostenloser Beförderung per Straßenbahn - anbietet. Auch innerhalb des Stadtbezirks sollte der Besucher die umweltschonenden Angebote des öffentlichen Nahverkehrs akzeptieren, ebenso wie bei Ausflügen in die Umgebung.
Das vorliegende Büchlein soll Ihnen Anreize vermitteln, die Stadt und ihre Sehenswürdigkeiten näher kennenzulernen, als es bei einem eintägigen Sightseeing-Trip möglich ist, damit auch Sie Ihr Herz in Heidelberg verlieren. Für Ihren Aufenthalt und bei der Benutzung dieser Broschüre wünschen wir Ihnen viel Freude.

Daten zur Geschichte

550.000 v.Chr.	In Mauer bei Heidelberg wird 1907 der Unterkieferknochen des "homo heidelbergensis" gefunden, des bis heute frühesten Zeugnisses menschlichen Lebens in Europa.
5.Jh.v.Chr.	Kelten erbauen eine Fliehburg und Kultstätten auf dem Heiligenberg.
um 80 n.Chr.	Die Römer unterhalten ein Kastell und einen Signalturm am rechten Neckarufer. Bau einer Holzbrücke über dem Neckar. Im Schutz des Kastells entwickeln sich erste bürgerliche Ansiedlungen. Die Römer halten sich bis 260.
5.Jh.	Beginn einer dauerhaften Besiedlung.
769	Das Dorf "Bergheim" wird urkundlich erwähnt.
1155	Die älteste Burg und die Siedlung gelangen aus dem Besitz der Bischöfe von Worms an das Geschlecht der Hohenstaufen. Ihr Vertreter Konrad wird Pfalzgraf bei Rhein".
1195	Durch Heirat kommt die Pfalz an die Welfen.
1196	"Heidelberch" wird erstmals in einer Urkunde genannt. Eine Holzbrücke überspannt den Neckar.
1214	Die Pfalzgrafschaft gelangt mit Herzog Ludwig I. von Bayern an die Familie der Wittelsbacher.
1225	Eine Burg über Heidelberg wird in einer Urkunde erwähnt.
1255	Landesteilung: Rudolf I. (der Stammler) wird Pfalzgraf bei Rhein (Pfälzer Linie).
1303	Eine Urkunde nennt zwei Burgen: eine am Platz der heutigen "Molkenkur", die andere auf dem Platz der heutigen Schloßruine.
1329	Nachdem Kaiser Ludwig IV., der Bayer, 10 Jahre lang die Pfalz mitverwaltet hatte, wird sie im "Hausvertrag von Pavia" endgültig von Bayern getrennt. Die Kurwürde soll zwischen den beiden Linien wechseln. Rudolf II. (der Blinde) wird erster Kurfürst von der Pfalz und regiert sie gemeinsam mit Ruprecht I. bis 1353.
1359	Im Reichsgesetz "Goldene Bulle" erhalten die Pfalzgrafen weitgehende Rechte als "unteilbares Eigentum": die Kurfürstenwürde sowie die Ämter des Erztruchsessen, des obersten Richters im Reich und des Reichsverwesers.
14.Jh.	Unterhalb der Burg bildet sich eine bis 1743 von der Stadt unabhängige Siedlung.

1386	Gründung der ältesten Universität im heutigen Deutschland durch Kurfürst Ruprecht I., nach Prag und Wien damals dritte Universität des deutschsprachigen Raumes.
1392	Die Bewohner des Dorfes Bergheim werden in die Heidelberger "Neustadt" umgesiedelt. Dadurch erweitert sich das Stadtgebiet von der Grabengasse bis zum heutigen Bismarckplatz.
1400	Kurfürst Ruprecht III. wird deutscher König, genannt Ruprecht I. von der Pfalz. Baubeginn der Heiliggeistkirche. Bei seinem Tod 1410 wird die Pfalz unter seine 4 Söhne aufgeteilt.
1462	Schlacht bei Seckenheim: Die Heere des Markgrafen von Baden und des Grafen von Württemberg werden von den Pfälzern unter Kurfürst Friedrich I. (dem Siegreichen) geschlagen.
1508-44	Erneuerung der Wehranlagen und Wirtschaftsgebäude im Schloß durch Kurfürst Ludwig V.
1518	Luther trägt in Heidelberg, damals Zentrum des Humanismus, seine Rechtfertigungslehre vor.
1537	Durch Blitzschlag wird die obere Burg zerstört.
1556-59	Kurfürst Otto Heinrich: Er führt die Reformation ein und läßt den wohl schönsten Renaissance-Palast nördlich der Alpen errichten.

Pfalzgraf Ottheinrich, der spätere Kurfürst, um 1531

1563	Kurfürst Friedrich III. setzt den Calvinismus durch. Der Heidelberger Katechismus wird das Lehrbuch des reformierten Bekenntnisses.
1608-10	Kurfürst Friedrich IV. ist Führer der protestantischen "Union".
1610	Kurfürst Friedrich V. läßt den berühmten Schloßgarten (Hortus Palatinus), den Englischen Bau und das Elisabethentor errichten.
1619	Die protestantischen Stände in Böhmen wählen Friedrich V. zum König. Dieser verliert 1620 die "Schlacht am Weißen Berge" gegen das Heer des Kaisers und gleichzeitig Kur- und Königswürde.
1622	Der kaiserliche Feldherr Tilly erobert Stadt und Schloß Heidelberg.
1623	Die berühmte "Pfälzer Bibliothek" wird als Kriegs-beute von den Kaiserlichen verschleppt. Bis 1649 verwaltet Herzog Maximilian von Bayern, mit einer kurzen Unterbrechung 1633/34 durch die Schwedenherrschaft, die Pfalz. Durch Kriegseinwirkungen verliert das Land drei Viertel seiner Bevölkerung.
1649	Westfälischer Friede: Die Oberpfalz und die alte Kurwürde fallen an Bayern. Für die Pfalz wird jedoch eine achte Kur geschaffen. Kurfürst Karll Ludwig läßt Schloß und Universität erneuern und gibt den Lutheranern Religionsfreiheit. Flamen, Wallonen, Hugenotten, Waldenser und Schweizer besiedeln die Kurpfalz.
1685	Die Linie Pfalz-Simmern stirbt mit Kurfürst Karl II. aus, sie wird von der Linie Pfalz-Neuburg beerbt. König Ludwig XIV. von Frankreich erhebt für seine Schwägerin Liselotte von der Pfalz ohne deren Einverständnis Erbansprüche. Liselotte ist mit Ludwigs Bruder verheiratet, die Pfalz würde danach an Frankreich fallen.
1688/89	Im Verlauf des Pfälzischen Erbfolgekriegs nehmen die französischen Truppen Heidelberg ein und zerstören vor ihrem Rückzug Schloß und Stadt sowie die Dörfer und Städte der Rheinebene.
1693	Ludwigs Truppen besetzen Heidelberg erneut. Sie sprengen sämtliche Festungswerke und brennen die Stadt nieder. Auch die Grabstätten der Kurfürsten werden geplündert und zerstört.
ab 1697	Die Einwohner Heidelbergs kehren in die Stadt zurück und beginnen den Wiederaufbau auf den Trümmern.
1720	Religionsstreitigkeiten zwischen dem katholischen Herrscherhaus und der evangelischen Bevölkerung

um die Heiliggeistkirche führen zur Verlegung der Residenz nach Mannheim.

1742-99	Kurfürst Karl Theodor fördert die Wirtschaft, läßt die Alte Brücke bauen und beginnt mit dem Wiederaufbau des Schlosses. Ihm zu Ehren errichtet man das Karlstor als Triumphbogen.
1764	Während des Wiederaufbaus zerstört ein Blitzschlag weitere Schloßgebäude, so daß man die Arbeiten einstellen läßt.
1803	Im Reichsdeputationshauptschluß fällt Heidelberg an das Großherzogtum Baden. Karl Friedrich läßt sogleich die Universität neu gründen. Sie heißt noch heute nach ihren beiden Gründern "Ruperta Carola".
ab 1810	Der französische Emigrant Charles Graf von Graimberg beginnt mit seinem Lebenswerk: Konservierung der Schloßruine und Aufbau einer historischen Sammlung.
1815	Der Zar von Rußland, der Kaiser von Österreich und der König von Preußen schließen in Heidelberg ihr Bündnis gegen Napoleon, die "Heilige Allianz". Die Schloßruinen werden ihnen zu Ehren mit einem großen Holzfeuer beleuchtet.
1840	Eröffnung der Eisenbahnlinie Mannheim-Heidelberg und des alten Bahnhofs am Platz des heutigen Menglerbaus.
1848	Eine Konferenz in Heidelberg beschließt die Einberufung einer deutschen Nationalversammlung in Frankfurt.
1860	Erste "bengalische" Beleuchtung von Schloß und Brücke.
1920-33	Bedeutende Mediziner (Czerny, Erb, Krehl) und Geisteswissenschaftler (Rohde, Weber, Gundolf) lehren in Heidelberg.
1945	Couragierten Heidelbergern gelingt es in letzter Minute, die Stadt unversehrt an die amerikanische Militärführung zu übergeben. Sie wird Sitz hoher militärischer Dienststellen des amerikanischen Hauptquartiers für Europa. Die Universität wird auf Initiative des Mediziners Karl H. Bauer und des Philosophen Karl Jaspers wieder eröffnet.
1955	Der heutige Hauptbahnhof wird eingeweiht.
1978	Die Heidelberger Hauptstraße wird zur Fußgängerzone. Die Stadt beginnt mit einer umfassenden Altstadtsanierung.
1980	Einweihung der Stadthalle Heidelberg als Kongreßhaus.

Das Heidelberger Schloß

Der Blick vom nördlichen Neckarufer oder gar vom Philosophenweg macht neugierig auf die weltberühmte Ruine auf dem Jettenbühl, der schmalen Bergterrasse über den Dächern der Altstadt. Einleuchtend ist auch, daß mit der Erfindung der Feuerwaffen die Lage der einstigen Burg strategisch ungünstig geworden war, mochten auch bis 7 m dicke Mauern dem Feind entgegenstehen. Aus der Altstadt führen mehr oder weniger steile Pfade in den Schloßgarten oder nach 10 Minuten Aufstieg an die schicksalsträchtigen Sandsteinmauern der Ruine, die modernisierte Bergbahn schafft es in noch kürzerer Zeit.
Von ihrer Haltestelle wie vom Busparkplatz kann der Besucher bequem und fast ebenerdig den Innenhof erreichen, das Zentrum des imponierenden Gebäudekomplexes, an dem die Kurfürsten 3 Jahrhunderte lang bauen ließen. Die Wirtschaftsgebäude und Paläste geben Zeugnis von der Wohnkultur der Schloßherren in der Zeit zwischen 1400 und 1620, aus der die Bauwerke stammen. Die leeren Fensterhöhlen der zerstörten Schloßbauten vermitteln dem Betrachter ein zauberhaftes Bild von Kultur und Vergänglichkeit, von Geschichte und Natur. Dieser doppelte Zweiklang, entstanden durch die Zerstörungen des Pfälzischen Erbfolgekrieges und des Blitzschlags von 1764, war in der zweiten Hälfte des vorigen Jahrhunderts noch einmal in Gefahr, verloren zu gehen. Es waren nämlich Bestrebungen im Gang, die Ruine vollständig wiederaufzubauen, was zu manchen Verfälschungen geführt hätte. Heute ist es die Luftverschmutzung, die den reich geschmückten Fassaden stark zusetzt, so daß nur noch wenige originale Bildwerke an den Außenfronten zu finden sind.
Es fällt sofort ins Auge, daß die Anlage keinem einheitlichen Bauprogramm entspringt, daß es keine gemeinsame Bauflucht gibt noch einen gemeinsamen Baustil. Gegen Westen und Süden überwiegen die fast schmucklosen gotischen Bauwerke, im Norden und Osten die prunkvollen Quadermauern der prächtigen Renaissancepaläste mit ihrem reichen Figurenschmuck. Sie alle zusammen bilden eine Kulisse von unbeschreiblichem Reiz auch für die Freilichtaufführungen, die in den Sommermonaten Tausende von Besuchern aus dem In- und Ausland anziehen.

Information

Anfragen an der Schloßkasse, Tel. 538414 oder Schloßverwaltung, Tel. 53840, Schloßhof und Großes Faß geöffnet: 1.4.-31.10. 9-17 Uhr, 1.11.-31.03. 10-16 Uhr, außerhalb der Öffnungszeiten Schloßhof freier Eintritt, Großes Faß 1,5 Std. nach Kassenschließung frei zugänglich. Schloßführung: Führungskasse im Schloßhof. Apothekenmuseum: Im Ottheinrichsbau des Schlosses, Tel. 25880, geöffnet: 14.03.-31.10. 10-17 Uhr, 1.11.-13.03. 11-17 Uhr

Blick über den Schloßhof mit der Brunnenhalle (vorn), dem Ottheinrichsbau (Mitte) und dem Gläsernen Saalbau, dazwischen der Glockenturm.

Der Ruprechtsbau

Dieses schlichte Wohngebäude rechts vor dem Torturm ließ sich Kurfürst Ruprecht III. ab 1400 erbauen, nachdem er zum deutschen König gewählt worden war. Damals wurden die gemauerten Wände verputzt und mit Malerei versehen, dafür eigneten sich naturgemäß glatte Wandflächen am besten. Der plastische Schmuck erschöpft sich in zwei Steintafeln und dem Schlußstein über dem Eingang, einer meisterhaften und sagenumwobenen gotischen Plastik: Zwei zwillingsgleiche Engel halten einen Blumenkranz, der einen Zirkel umschließt. Die Sage erzählt, die lieblichen Zwillingsknaben hätten ihren Vater, den Baumeister, fast täglich bei der Arbeit besucht. Kurz vor Vollendung des Bauwerks seien sie vom Gerüst gestürzt. Der untröstliche Vater flocht ihnen täglich einen Totenkranz mit weißen Rosen und war nicht fähig, den Bau fertigzustellen. Eines Nachts jedoch erschienen ihm seine Söhne in Engelsgestalt im Traum, und am Morgen fand er neben seinem Bett den Kranz, frisch und duftig, den er abends zuvor welk am Grab gesehen

Schlußstein am Ruprechtsbau.

hat, nur waren aus den weißen Rosen rote geworden. Alsbald machte sich der Meister an die Arbeit und schuf den herrlichen Schlußstein mit seinen Knaben, dem Rosenkranz und dem Zirkel als Symbol seines Berufsstandes.
Die linke, früher farbig bemalte Steintafel entstand zur Bauzeit und zeigt den Reichsadler als Zeichen von Ruprechts Königswürde. In seinen Fängen hält er die Wappen der kurfürstlichen Familie, den pfälzischen Löwen und die bayerischen Rauten. Die ebenfalls wappengeschmückte Renaissancetafel erinnert mit einer Inschrift an die Erneuerung des Hauses unter Kurfürst Ludwig V. (1508-1544), dem großen Bauherrn des Schlosses.

Der Frauenzimmerbau

Er befindet sich in derselben Bauflucht mit dem Ruprechtsbau, getrennt durch den freien Platz vor dem Bibliotheksbau. Heute ist lediglich das Erdgeschoß mit dem Königssaal erhalten, dem mit 34 m Länge, 16,7 m Breite und 7,4 m Höhe größten Raum des Schlosses. 1534 eingeweiht, diente er vornehmen Festlichkeiten, ehe ihm die neueren Festsäle im Gläsernen Saalbau und Ottheinrichsbau den Rang abliefen und er zum Turnierplatz bei Ritterspielen degradiert wurde, später gar zur Bildhauerwerkstatt und zum "Bandhaus" der Küfer und Faßbinder. Damit sie im Trockenen arbeiten konnten, hatte Karl Theodor die noch aufrechten Mauern der einstigen Obergeschosse abbrechen und den Saal einfach überdachen lassen. Anläßlich seines 400jährigen Bestehens wurde der Königssaal von Grund auf renoviert und bietet heute annähernd 500 Besuchern Platz bei Fest- und Theaterveranstaltungen. In den beiden Obergeschossen des schmucklosen Baus wohnten einst die Hofdamen - daher sein Name -, während das vielfach gewölbte Untergeschoß den Weinkeller barg. Dach und Obergeschosse wurden im 30jährigen Krieg stark, nach notdürftiger Instandsetzung dann im Erbfolgekrieg total beschädigt und nicht mehr aufgebaut.

Der Bibliotheksbau

Nachdem Ludwig V. den mächtigen Westwall, auch Stückgarten genannt, hatte aufführen lassen, nutzte er den nun nicht mehr bedeutenden Zwinger für die Errichtung des Bibliotheksbaus zwischen Ruprechts- und Frauenzimmerbau. Zwei seiner Außenwände ließ er auf die innere bzw. äußere Burgmauer gründen und überschritt somit erstmals mit einem Wohnbau den Grundriß der mittelalterlichen Burganlage. Die Hauptaufgabe des auf quadratischem Grundriß errichteten Baus war die Unterbringung der Privatbücherei der Kurfürsten (zur Bauzeit lag die berühmte Pfälzer Bibliothek bereits auf der Empore der Heiliggeistkirchc aus). Seine mächtigen Umfassungsmauern - beginnend mit 3 m, im oberen Stockwerk immerhin noch 1,5 m dick - lassen darauf schließen, daß auch die kurfürstliche Münze und die Kunstkammer hier ihr Domizil hatten.

Gotischer Erker am Bibliotheksbau des kurfürstlichen Schlosses.

Das 1. Obergeschoß war allein vom Büchereisaal ausgefüllt, dessen 6,6 m hohes Sterngewölbe von einer Mittelsäule gestützt wurde. Ein hübscher gotischer Erker im 2. Obergeschoß bildet heute den einzigen Schmuck des Gebäudes gegen den Schloßhof, doch sind teilweise noch die Konsolen und Balkenlöcher der beiden hölzernen Galerien zu erkennen, die früher die Fassade belebten.

Weitere Bauten Ludwigs V.

Wo sich heute die Schloßkasse befindet, war einst der Raum für die wachhabenden Soldaten, daran angrenzend die Brunnenhalle mit dem 16 m tiefen Ziehbrunnen, der mit Quellwasser aus dem Königstuhlgebiet gespeist wurde. Die einteiligen Säulen, Monoliten, sind die ältesten Bauteile des Schlosses. Sie wurden aus der schon damals verfallenen Pfalz Karls des Großen in Ingelheim herbeigeschafft, sind jedoch weit älter als diese, wahrscheinlich römischen Ursprungs.
Nach Osten schließen sich Wirtschaftsgebäude an wie das Backhaus und das Metzelhaus sowie zwei der Hauptküchen, die seit den Zerstörungen des Erbfolgekrieges ohne Überdachung geblieben sind.
Der anschließende Ludwigsbau zeigt in typischer Weise die Einstellung des Bauherrn, der dem Notwendigen und Praktischen den Vorzug gab gegenüber dem Repräsentativen. Sein Wohnbau entstand 1524 in einfachster, zunächst dreigeschossiger Ausführung. Die Wappentafel über der Eingangstür zum Treppenturm bildete das einzige Schmuckelement. Auf den Mauern von Vorgängerbauten errichtet, dehnte sich der Palast damals ebenso weit nach Norden wie nach Süden, so daß der Treppenturm etwa in der Mitte stand. Das Gebäude war nach den großen Kriegen notdürftig wiederhergestellt worden, wurde jedoch wie die Nachbarpaläste Ottheinrichs und Friedrichs II. ein Opfer des Blitzschlags von 1764.

Der Gläserne Saalbau

Mit diesem Bauwerk, errichtet von Ludwigs Nachfolger, dem weitgereisten Friedrich II., gelang der Übergang vom gotischen Baustil zu dem der Renaissance. Seine Arkadengänge, der Treppenturm rechts und der schlank vorspringende Seitenflügel mit der Sonnenuhr und dem Volutengiebel zeigen eine gelungene Mischung beider Stilarten. Die östliche Hälfte des Palastes wird vom jüngeren Ottheinrichsbau verdeckt. Seinen Namen hat der Bau von seinem Festsaal im obersten Geschoß, dessen Nordwand mit venezianischen Spiegeln verkleidet war - damals ein ungeheurer Luxus. Das auf den Blitzschlag von 1764 folgende Großfeuer von drei Tagen Dauer hatte sein Zentrum in diesem Palast. Die Holzdecken setzten dem wenig Widerstand entgegen, so daß nur die Außenmauern erhalten blieben. Zur Hofseite sind sie von den Wappenschildern des Bauherrn und seiner Gemahlin geschmückt. Das mittlere zeigt zwischen dem Pfälzer Löwen und den bayerischen Rauten den Reichsapfel. Kaiser Karl V. hatte ihn dem Kurfürsten als Zeichen seiner Würde als Erztruchseß des Reiches bei Friedrichs Thronbesteigung verliehen. Die Zahl 1549 gibt die

Romantischer Schalenbrunnen im Schloßhof.

Jahreszahl der Fertigstellung des Palastes an. Das Wappen seiner Gemahlin, Prinzessin Dorothea von Dänemark, ist zweigeteilt und war einst - ebenso wie das Friedrichs - vergoldet und farbenprächtig coloriert. Eine einfache Tafel am Vorbau erinnert an den Grafen von Graimberg, der sich die Erhaltung der Schloßruine zum Lebenswerk gemacht hatte und als ihr Wächter mehrere Jahre lang in den erhalten gebliebenen Räumen des Erkers wohnte.

Der Ottheinrichsbau

Nachfolger Friedrichs II., des "Weisen", wurde 1556 Otto Heinrich. Obwohl ihm nur drei Jahre Regierungszeit vergönnt waren, gehört er zu den bedeutendsten Kurfürsten. Er führte in seinem Land die Reformation ein und ließ den künstlerisch bedeutendsten Palast des Schlosses erbauen, den Ottheinrichsbau. Dessen harmonisch gegliederte und reich geschmückte Fassade gegen den Schloßhof gilt als herrlichstes Beispiel deutscher Renaissance-Baukunst. Als Otto Heinrich die Regierung antrat, fand er lediglich eine schmale

Die prunkvollen Renaissance-Fassaden des Friedrichsbaus (links) und des

Ottheinrichsbau, zwischen beiden der Gläserne Saalbau mit dem Glockenturm.

Baulücke zwischen dem Ludwigsbau und dem Gläsernen Saalbau vor. Er ließ daher kurzerhand den Nordflügel des Ludwigsbaus bis hin zum Treppenturm bis auf die Grundmauer abreißen, so daß er eine Breite von 31,5 m zur Verfügung hatte und beide Treppentürme der angrenzenden Bauten mit einbeziehen konnte. Am groben Mauerwerk des Sockels ist noch heute erkennbar, daß der Ludwigsbau damals bis etwa zum Portal des Ottheinrichsbaus gereicht hatte.
Breite Gurtgesimse markieren die drei unterschiedlich hohen Stockwerke, Pilaster und Halbsäulen nach griechischem Vorbild teilen sie in je fünf Felder. Während die oberen Geschosse wohl als Wohnräume der kurfürstlichen Familie konzipiert waren, diente das hohe Erdgeschoß in erster Linie dem prunkvollen Festsaal, nach dem Besuch Maximilians II. im Jahre 1570 auch "Kaisersaal" genannt.
Wie ein Triumphbogen erhebt sich das Portal über der Freitreppe, flankiert von je zwei Atlanten auf kräftigen Podesten. Die Inschrift über dem Torbogen verewigt die Titel des Bauherrn:
"Ott Hainrich von Gottes gnaden Pfalntzgraf bei Rhein.
Des heyligen Römischen Reichs Ertzdruchses und Churfürst.
Hertzog in Nidern und Obern Baiern."
Darüber erkennen wir die Wappentafeln des kunstbeflissenen Herrschers und ein Medaillon mit seinem Bildnis.
Die Hauptfiguren im Zentrum der Fensterfelder sind trotz unterschiedlicher Geschoßhöhe gleich groß. Sie stellen, jeweils von links nach rechts, im Erdgeschoß die Helden des Alten Testaments dar (Josua, Samson, Herkules und David), darüber fünf Tugenden (Stärke, Glaube, Liebe, Hoffnung und Gerechtigkeit) sowie im Oberteil der Fassade Götter der Antike, gleichzeitig Namen der großen Planeten, von Sonne und Mond (Saturn, Mars, Venus, Merkur, Luna, darüber Sol und Jupiter, die einst die Giebelhäuser zierten). Der imponierende Gesamteindruck der Fassade wird nur wenig geschmälert durch die teilweise nicht allzu qualitätvolle Ausführung der Statuen und die schlichten Verse auf den Podesten der Figuren des Erdgeschosses.
Nach dem Großbrand von 1764 blieben neben den Außenwänden lediglich vier kunstvolle steinerne Türgewände im Erdgeschoß erhalten, das man mit einem Notdach versah. Die leeren Fensterhöhlen der Obergeschosse und das nun rechteckige Gesamtbild lassen die herrliche Fassade jedoch noch imponierender erscheinen als ein vollständiger Palast.

Der Friedrichsbau

Zur Regierungszeit Friedrichs IV. war um den Schloßhof herum zunächst keine Baulücke frei; doch dann mußte die Kapelle Kurfürst Ruprechts I (gestiftet 1346), die man zuvor aufgestockt hatte, wegen Baufälligkeit abgerissen werden. Man vergrößerte die

Friedrichsbau: 16 kunstvolle Fürstenstandbilder schmücken die Hoffassade des Kurfürstenpalastes. Im Erdgeschoß befindet sich die Schloßkapelle.

neue Bauflucht, indem man auch den angrenzenden Turm, Haupteingang von Heidelberg her, abtrug. So errichtete man an der tiefsten Stelle des Hofes einen relativ schmalen aber repräsentativen Bau. Er hatte vor allem auch die Schloßkapelle aufzunehmen, wie die Übersetzung der lateinischen Inschrift besagt: "Friedrich, Pfalzgraf bei Rhein und Kurfürst des Heiligen Römischen Reiches, Herzog von Bayern, veranlaßte den Bau dieses Palastes zur Pflege des Gottesdienstes und als angenehme Wohnstatt, mit vielen Abbildungen seiner Ahnen geschmückt. Im Jahre des Herrn 1607". Wegen der räumlichen Enge kommen die horizontale und vertikale Gliederung der Fassade nicht so klar zur Wirkung wie beim 50 Jahre älteren Ottheinrichsbau, der hier zum Vorbild genommen wurde. Dafür wirken die mächtigen Fürstenstatuen, die aus den engen Nischen zu quellen scheinen, um so monumentaler. In der oberen Reihe sind Ahnherren der Wittelsbacher dargestellt, von links Kaiser Karl der Große, Otto von Wittelsbach (erster Herzog von Bayern), Ludwig I. (erster Wittelsbacher Pfalzgraf) und Rudolf I. (der Stammler, erster Pfalzgraf der Pfälzischen Kurlinie). Darunter folgen Kaiser und Könige der Wittelsbacher: Ludwig der Bayer (Kaiser, Bruder Rudolfs), die Könige Ruprecht I. von der Pfalz, Otto von Ungarn und Christoph von Dänemark; dann bedeutende Vertreter der alten Kurlinie: Ruprecht I. (Begründer der Universität), Friedrich I. (der Siegreiche), Friedrich II. und Otto Heinrich (Bauherren der Nachbarpaläste). Zwischen den Rundbogenfenstern der Schloßkapelle schließlich erkennen wir die direkten Amtsvorgänger aus der Linie Pfalz-Simmern, Friedrich III. (den Frommen), Ludwig VI.,

Kurfürst Friedrich V. als König von Böhmen, 1634. Gerard van Honthorst (1592 - 1656)

Johann Casimir (Erbauer des Faßgebäudes) und schließlich, neben dem Durchgang, den Bauherrn selbst. Die Standbilder wurden bei der Renovierung des Gebäudes 1897-1900 gegen gute Kopien ausgetauscht. Die Originale des Bildhauers Sebastian Götz aus Chur sind im Innern des Gebäudes geschützt untergebracht. Sehr gefällig wirken auch die Zwerchhäuser der Dachgeschosse, bekrönt durch die Darstellung von Frühling und Sommer, dazwischen die der Justitia, der Göttin der Gerechtigkeit.
Vom Bauherrn des Palastes ist uns ein Tagebuch überliefert mit einem Eintrag vom 9.7.1598: "Gestern voll gewest". Darauf beruft sich ein Trinklied, das sich in Heidelberg großer Beliebtheit erfreut:

"Wütend wälzte sich im Bette Kurfürst Friedrich von der Pfalz. Gegen alle Etikette brüllte er aus vollem Hals: Wie kam gestern ich ins Nest? Bin, scheint's, wieder voll gewest".
Andererseits brachte der jugendliche Kurfürst die Pfalz in das Zentrum der deutschen Reformationsbewegung und war von 1608-1610 Führer der protestantischen Union, ehe er 36jährig starb.
Der Fußweg vor dem Friedrichsbau führt hinunter zum Großen Faß, dem wir uns bei der Innenbesichtigung widmen werden. Stattdessen durchschreiten wir unter den Kreuzgewölben den Durchgang und gelangen, vorbei an einer der Türen zur Schloßkapelle, auf die Aussichtsterrasse.

Auf dem Großen Altan

Links mündet der steile Aufgang von der Stadt her über den Burgweg ein. Der Altan selbst entstand als Aussichtsterrasse unter Friedrich IV., der die Torburg seines Vorgängers Johann Kasimir erweitern ließ und nach oben mit der Terrasse abschloß. Von hier genießen wir einen einmaligen Blick über das Dächergewirr der Altstadt mit der dominierenden Heiliggeistkirche, den Neckar mit der Alten Brücke Karl Theodors, den bewaldeten Hang des Heiligenbergs und hinaus in die Weite der dichtbesiedelten Oberrheinischen Tiefebene, in der sich die Schleifen des Neckars verlieren. Mit dem Wechsel der Jahreszeiten und der einbrechenden Dunkelheit wandeln sich die Eindrücke in wundersamer Weise, so daß dieser Blick auch für den Dauerbesucher immer neue Reize bietet.

Vor dem Altan hatten die Kurfürsten die Große Batterie als Geschützwall anlegen lassen, deren östlichen Abschluß die Eckbastion des Zeughauses darstellte. Von ihm sind nur die Grundmauern erhalten. Es machte jedoch den nordöstlichen Rundturm als Wehrbau überflüssig, so daß man diesen durch Aufsetzen von achteckigen Stockwerken für Wohnzwecke umbaute und mit einer großen Glocke (um 1550) versah. Seither heißt er Glockenturm. Nach dem 30jährigen Krieg ließ Kurfürst Karl das Ballhaus - heute würden wir es Sporthalle nennen - Friedrichs IV. abbrechen. An seiner Stelle ließ er 1681 die mächtige Karlsschanze mit dem Karlsturm davor zum weiteren Schutz der Nordostecke anlegen, ebenso weitere mehrstöckige Geschützstellungen am Fuß des Dicken Turms.
Ein Blick auf den Friedrichsbau zeigt, daß er neben der prunkvollen Hoffassade auch eine prächtige Schauseite zur Stadt hin besitzt, auf der die Formen der Renaissance eher noch klarer und harmonischer wirken. Ihn flankieren die schlichten Außenmauern des Gläsernen Saalbaus und des Frauenzimmerbaus. Den westlichen Abschluß bildet der Faßbau Johann Casimirs, der nach nur einem Obergeschoß mit einem Flachdach abgeschlossen ist. Auf diese Weise ließ er den oberen Stockwerken des Frauenzimmerbaus Licht und Luft und konnte gleichzeitig als Terrasse genutzt werden.
Anziehungspunkt für Besucher ist immer wieder die Vertiefung in einer der Sandsteinplatten, die einem Stiefelabdruck ähnelt. Während eines Brandes soll ein Ritter in voller Rüstung aus einem der oberen Fenster heruntergesprungen sein. Der Sage nach blieb er unverletzt, nur der Stiefelabdruck ist entstanden.

Das große Faß

Im Eintrittspreis für das Betreten des Schloßhofs ist die Besichtigung des großen Fasses eingeschlossen, die kein Besucher versäumen sollte. Immerhin ist es das größte Holzfaß der Welt, das je mit Wein gefüllt wurde. Kurfürst Johann Casimir hatte den gewölbten Kellerraum mit einer Tonne von etwa 125.000 l ausstatten lassen, das Karl Ludwig im 17. Jahrhundert durch eine noch größere (195.000 l) ersetzen ließ. Unter Karl Theodor wurde schließlich 1751 aus 130 Eichenstämmen das heutige Faß von 221.726 l Fassungsvermögen fertiggestellt, 8,5 m lang und 7 m hoch, mit einer Tanzfläche obendrauf. Eine Barocktafel trägt die Initialen des Bauherrn.
An der Wand gegenüber steht auf einem Sockel eine Statue, die den Zwerg Perkeo darstellt. Der trinkfeste Südtiroler diente als Hofnarr und Wächter des Fasses unter Karl Philipp (1716-42). Sein Name soll sich aus seiner obligaten Entgegnung auf die Frage herleiten, ob er noch einen Becher Wein trinken wolle:

Das berühmte große Faß Karl Theodors, geschmückt mit dessen Initialen, faßt beinahe 222.000 l. Vorn eine Statue des Zwerges Perkeo, seines Zeichens Faßwächter und Hofnarr des Kurfürsten.

"Perche no?" - "Warum nicht?" Der Überlieferung nach starb Perkeo, nachdem er sich zum Trinken eines Glases Wasser hatte überreden lassen. Noch heute ist er Symbol der Heidelberger Fastnacht und der Kurpfälzer Lebensfreude. Er soll auch die "Uhr" erfunden haben, an deren Ring ungezählte Besucher aus aller Welt gezogen haben und die neben seiner Statue angebracht ist.
Neben den überdimensionalen Küferwerkzeugen fällt das Stück eines alten Leitungsrohres ins Auge. Es handelt sich um den Rest einer Pumpvorrichtung, mit deren Hilfe Wein aus dem Großen Faß in den darüberliegenden Schankraum gepumpt wurde. Er lag auf Höhe des Königssaals, so daß man die Gäste ohne ständiges Treppensteigen mit Wein versorgen konnte. Davon lagerten in den Schloßkellern immerhin 700.000 l, und die trinkfesten Schloßbewohner und ihre Gäste sollen einen Tagesverbrauch von annähernd 2.000 l gehabt haben.

Die Innenbesichtigung

Sie beginnt gegenüber der Schloßkasse im Ruprechtsbau (um 1400), dem ältesten erhaltenen Gebäude. Die beiden gleich großen, etwa 8 m hohen Haupträume des Erdgeschosses schließen mit Kreuzgewölben ab, deren Schlußsteine Wappenschilde des Bauherrn darstellen. Modelle zeigen die Schloßanlage vor und nach ihrer Zerstörung. Eine Ahnentafel der Wittelsbacher, einige Glasvitrinen mit Ausgrabungsfunden und ein qualitätvoller Renaissance-Kamin vervollständigen die Einrichtung. Letzterer stammt aus dem Gläsernen Saalbau Friedrichs II. und ist mit der Jahreszahl 1546 datiert.
Finstere Gänge führen durch den zerstörten Bibliotheksbau in den Königssaal, einst im Untergeschoß des abgetragenen Frauenzimmerbaus gelegen. Er ist wieder prächtig anzusehen und dient als Festsaal bei Empfängen, wie 1979, als die Heidelbergerin Silvia Sommerlath als schwedische Königin ihre Heimatstadt besuchte

Königssaal ➔

Modell des Schlosses vor 1689.

Kachelofen in einem Kurfürstengemach.

und hier mit einem Staatsempfang geehrt wurde. Bei widrigem Wetter bietet er Raum für die Vorführungen der Schloßkonzerte und -spiele. Die bildlichen Darstellungen der Kurfürsten erinnern ebenso an seine hochherrschaftliche Vergangenheit wie die Reste der Weinpumpe im benachbarten Erdgeschoßraum des Faßbaus.

Der prunkvolle Flur im 1. Obergeschoß des Friedrichsbaus führte zu den Wohnräumen der Kurfürstenfamilie.

Vom gläsernen Saalbau blieben nur die Außenmauern mit ihrem massig wirkenden Säulenvorbau erhalten sowie die Räume des vorspringenden Torbaus, in denen von Graimberg wohnte. Eine Verbindungstür führt in den prächtigen Friedrichsbau, der vom Unheil der vergangenen Jahrhunderte noch am meisten verschont

geblieben war und zwischen 1897 und 1900 von Professor Karl Schäfer gründlich und fachkundig wieder aufgebaut wurde. Die beiden Obergeschosse hatten einst als Fürstenwohnung gedient, doch blieb vom Interieur nichts erhalten. Sehenswert sind jedoch allemal die Original-Fürstenstatuen des Sebastian Götz, die einst die Fassade zierten. Die Einzelheiten der Kleidung und Rüstung sind so präzise in Stein gehauen, daß man jede Schnalle und jedes Riemchen erkennen kann. Dagegen sind Deckenschmuck, Fußböden und Türgewände eher dem Renaissancestil nachempfunden, ebenso die Kachelöfen, die eisernen Kaminplatten und wenigen Möbelstücke, die man aus Museumsbeständen hierher versetzte.
Im Original erhalten ist jedoch das Erdgeschoß des Friedrichsbaus, das die Schloßkapelle komplett ausfüllt. Ursprünglich nach Art der Calvinisten betont schlicht ausgestattet, erhielt sie beim Übergang der Residenz an die Familie Pfalz-Neuburg (1685) den Altar und die Fürstenlogen im Stil des Barock. Oberhalb des Altaraufbaus hat Kurfürst Jan Wilhelm sich und seine Gemahlin, eine geborene Medici, Tochter des Großherzog von Toscana, in Form ihrer Wappen verewigt. Interessante Wappen befinden sich auch an der Statue König Christophs von Dänemark, sowohl die der skandinavischen Länder als die seiner Wittelsbacher Erblande. Ein besonderes Detail erkennen wir an Kurfürst Johann Casimir, dem Erbauer des Faßkellers. Er trägt - wie üblich unterhalb des Knies - den englischen Hosenbandorden, der von allen Kurfürsten nur ihm und später Friedrich V. zuerkannt worden war. Seit 1804 wird in der Kapelle kein Gottesdienst mehr gehalten, jedoch nutzt man sie besonders für Trauungen auch heute noch gern.

Der Hortus Palatinus kurz vor der Zerstörung 1620. Ölgemälde von Jacques Fouquières.

Das Apothekenmuseum

Das Deutsche Apothekenmuseum zeigt eine einmalige Sammlung von Einrichtungsgegenständen, Laborgeräten, Gefäßen, Arzneimitteln, Schriften und Büchern auf dem Gebiet der Medizin aus dem 16.-19. Jahrhundert. Diese umfangreichste Ausstellung der Welt in ihrer Art ist nicht nur für fachlich Vorgebildete sehenswert, zumal sie im Untergeschoß des Ottheinrichs- und des Ludwigsbaus sowie im Apothekerturm ein besonders stilgerechtes Quartier bekommen hat. Das Erdgeschoß des Ottheinrichsbaus nutzt der Besitzer, das Land Baden-Württemberg, für Ausstellungen moderner Kunst.

Das Deutsche Apothekenmuseum im Schloß mit Einrichtungsgegenständen vergangener Jahrhunderte.

Der massige Torturm sicherte die Einfahrt in den Schloßhof.

Torturm und Burggraben

Seit seiner Erbauung unter Ludwig V. diente der Torturm zum Schutz der Haupteinfahrt und als "Luginsland", da er mit seiner Höhe von 52 m (ab Grabensohle) gleichzeitig das höchste Gebäude des Schlosses war. Im Obergeschoß also wohnte der Turmwächter, der gleichzeitig auch die große Uhr wartete. Das einstige steile Zeltdach darüber wurde ein Opfer des Erbfolgekriegs und um 1718 durch das heutige Dach ersetzt. Immerhin jedoch überstand der klotzige Turm sonst als einziger die Zerstörungsabsichten der Truppen des Sonnenkönigs weitgehend unversehrt.

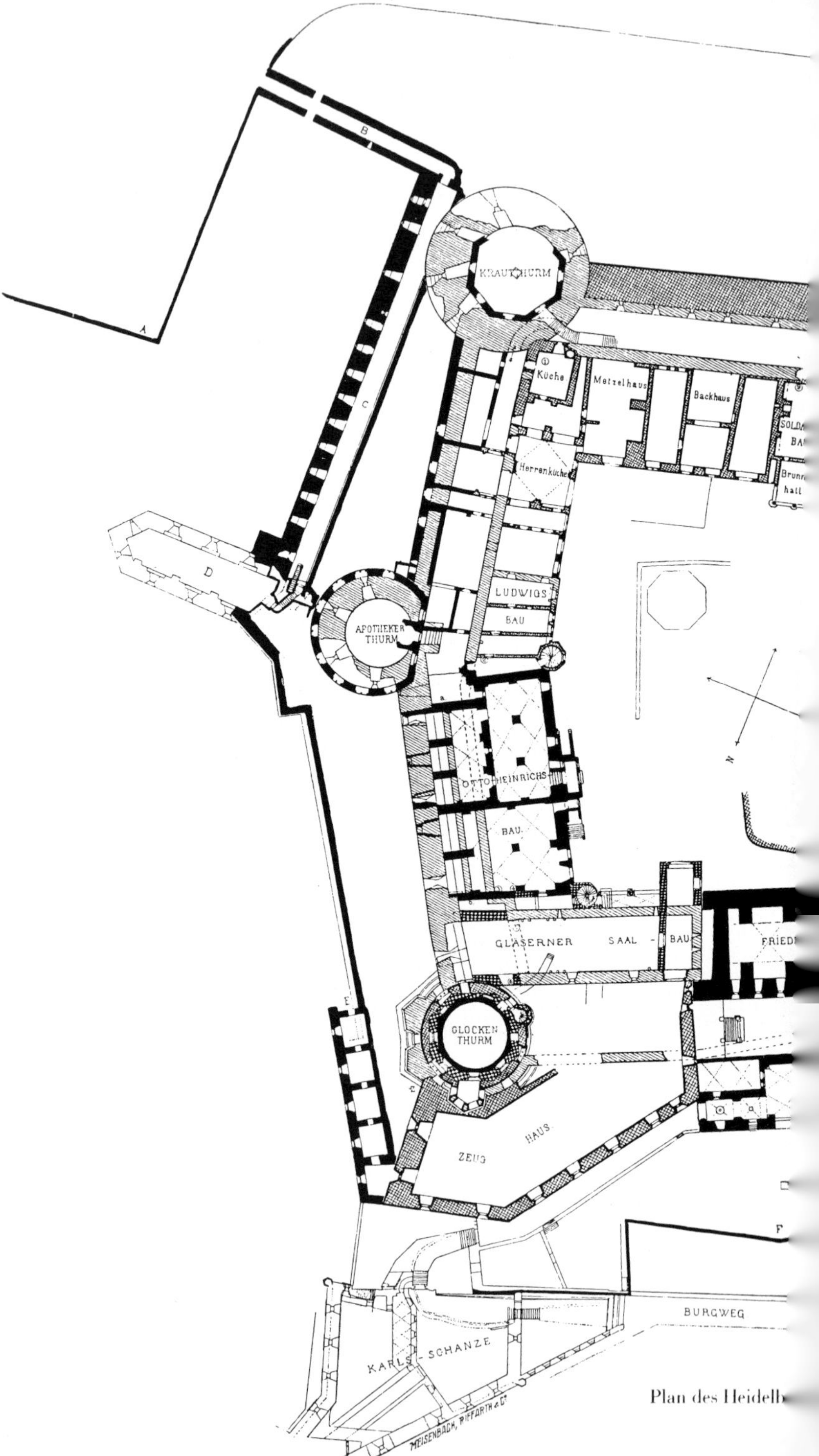

Plan des Heidelb

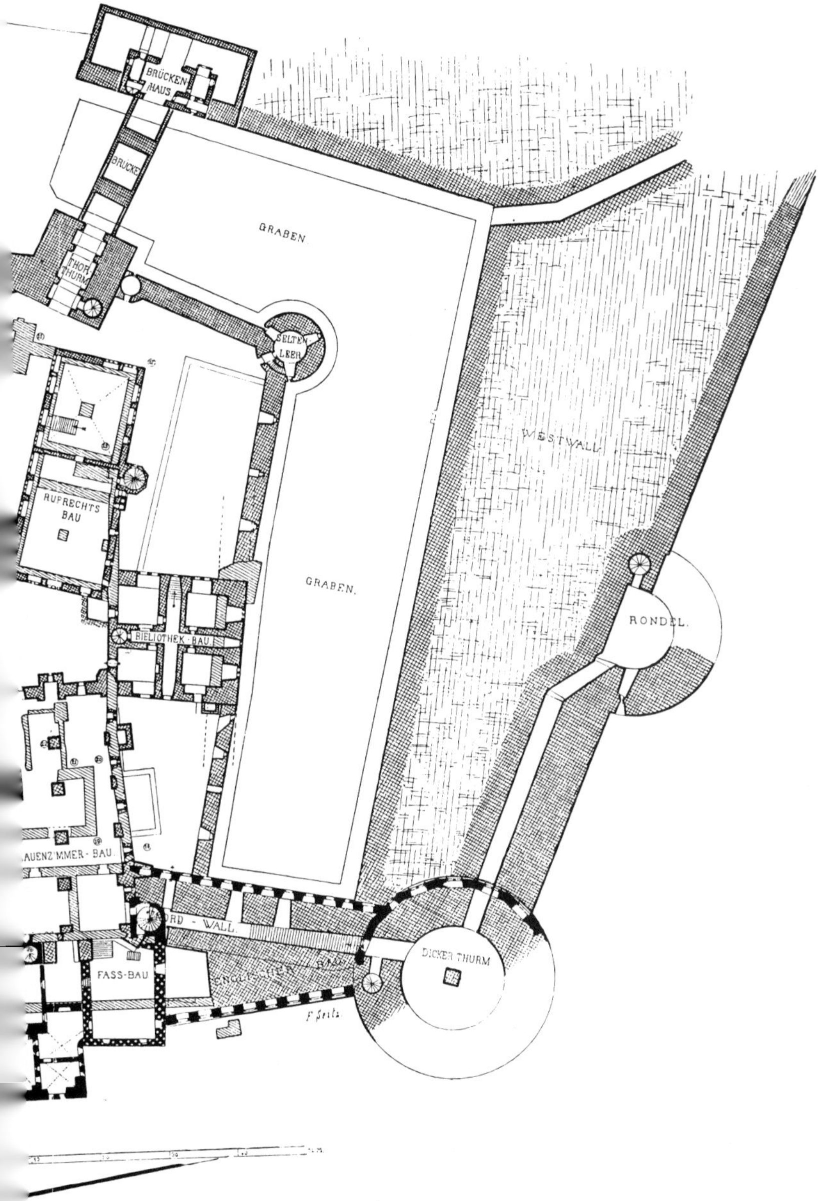

nach Koch und Seitz.

Bauten vor Ludwig V. 15. Jahrh.

,, Ludwigs V. .... 1508—1544.

,, Friedrichs II. .... 1544—1556.

,, Otto Heinrichs .... 1556—1559.

Joh. Casimir 1583—1592.

,, Friedrichs IV. 1592—1610. Friedrichs V. 1610—1619.

,, nach dem 30 jähr. Kriege.

Die Einfahrt selbst war mit vier Toren und einem Fallgitter gesichert. Im mittleren Gewölbe ist noch die Öffnung zu sehen, durch die die Wachsoldaten einen Eingeschlossenen nach oben ziehen konnten. An einem der schweren eisernen Ringe eines Torflügels erkennt man einen eigenartigen eckigen Sprung, den die Sage vom "Hexenbiß" aufgreift: Der Besitzer hatte aus einer Laune heraus dem das Schloß versprochen, der den Ring durchbeißen könnte. Viele versuchten es ohne Erfolg. Eine Hexe bot ihre ganze Zauberkraft auf, doch auch sie schaffte nur den Abdruck, der noch heute zu sehen ist.
Unter der Zufahrt befindet sich ein gewölbter hoher Raum, der früher als Verlies genutzt wurde und in den ein Gefangener mittels Strick oder Leiter heruntergelassen wurde. Eine zusätzliche Sicherung der Einfahrt bildete die Zugbrücke direkt vor dem Turm. Sie wurde, ebenso wie das Fallgatter, vom 1. Obergeschoß aus bedient. An seiner Außenseite ist der einzige Schmuck des Zweckbaus angebracht: Zwei Wächter, die "Torriesen", dazwischen zwei Löwen mit einem - heute leeren - Wappenschild. Die Wappentafel war wohl aus Silber und ist seit dem Erbfolgekrieg verschwunden. Die gesamte Brücke besaß einen Fachwerk-Oberbau, der sich bis zum Brückenhaus - jenseits des fast 20 m tiefen Schloßgrabens - hinzog. Davor wiederum befand sich ein kleinerer Graben, der ebenfalls durch eine hölzerne Zugbrücke gesichert war und zusätzlich für Fußgänger einen Seiteneingang mit einem schmalen Brückensteg besaß. Die Gewölbe gegenüber gehörten zur Vorburg und entstanden vor 1619 im Zuge der Anlage des Pfälzer Gartens, dessen oberste Terrasse sie trugen. Sie boten Unterstellmöglichkeiten für allerhand Gerätschaften und Fahrzeuge.

Im Stückgarten

Wir folgen dem Schloßgraben nach rechts, den Ludwig V. mit einer mächtigen hohen Quaderwand an der Innenseite verstärkt hatte. Den Eingang zum Stückgarten bildet das liebliche, triumphbogenartige Elisabethentor, das Kurfürst Friedrich V. der Überlieferung nach seiner Gemahlin, der englischen Königstochter Elisabeth Stuart, zu ihrem 19. Geburtstag im Jahr 1615 in einer Nacht errichten ließ. Der Wall, auf dem wir uns nun befinden, heißt Stückgarten, weil Friedrich V. ihn in einen Lustgarten für seine Gemahlin hatte umbauen lassen, er aber zugleich ein gewaltiges Bollwerk darstellte, das man mit Geschützen, "Stücken", besetzen konnte. Er entstand unter Ludwig V., der den vorhandenen Südgraben an der alten Zwingermauer entlang verlängerte und den Abraum zwischen zwei Stützmauern aufschütten ließ.
Der gesprengte kleine Turm jenseits des bis 25 m tiefen Grabens heißt Seltenleer - er diente als Gefängnis. Dahinter erkennen wir den Ruprechtsbau mit seinem eckigen Treppenturm. Der folgende

Westwall mit Zwinger. Im Hintergrund die Ruinen der Bauten Friedrichs V., der Englische Bau und der dünnwandige Festsaal auf dem mächtigen Dicken Turm.

Bibliotheksbau kennzeichnet die Breite des ehemaligen Zwingers, der durch den Westwall seine Schutzfunktion verloren hatte und den Ludwig deshalb überbaute. Der einstöckige überdachte Frauenzimmerbau verläuft hingegen wieder in der alten Bauflucht, hinter ihm erscheint der prächtige Friedrichsbau. Zwischen ihm

Das Elisabethentor als Eingang des Stückgartens, erbaut in einer Nacht als Geburtstagsgeschenk für die Gattin Friedrichs V., Elisabeth Stuart.

und dem Dicken Turm, über den Schloßgraben hinweg, ließ Friedrich V. einen neuen, schlichten Wohnpalast erbauen, den man den Englischen Bau nennt. Zugleich schmälerte er die strategische Wirkung des Dicken Turms, indem er sein Obergeschoß mit rundum 7 m dicken Wänden abtragen und stattdessen ein dünnwandiges, vieleckiges Stockwerk mit hohen Fenstern einfügen ließ. Der so geschaffene Fest- und Theatersaal war vom 2. Obergeschoß seines Palastes leicht zu erreichen und bot bis 500 Gästen Platz und einen überwältigenden Rundblick. Eine Gedenktafel des Bauherrn zur Gartenseite verkündet stolz die für damalige Zeiten enorme Leistung, den Austausch der Wand geschafft zu haben, ohne das Dach abzubauen. Die Tafel flankieren die Standbilder des jungen Kurfürsten und des großen Bauherrn des Schlosses, Ludwigs V., den Friedrich IV. in seiner Ahnengalerie am Friedrichsbau wohl vergessen hatte. Beide Statuen stammen wie jene von Sebastian Götz, sind jedoch nicht ganz so qualitätvoll.
Die angebrachte Jahreszahl 1619 war gleichzeitig das Schicksalsjahr des inzwischen 23jährigen Friedrich. Nachdem er als Siebzehnjähriger das Kurfürstenamt übernommen hatte und durch gewaltige Baumaßnahmen imponieren wollte, nahm er in jenem Jahr die ihm angetragene Würde eines Königs von Böhmen an. Er verlor im Winter 1919/20 die Schlacht am Weißen Berge gegen die kaiserlichen Truppen und ging als "Winterkönig" in die Geschichte ein, denn er wurde nach der Niederlage aller Titel enthoben und zog seither als Heimatloser durch die Lande. Wie falsch er die politische Lage eingeschätzt hatte, zeigt die Tatsache, daß er vor seinem Zug nach Böhmen seine Truppen und Heerführer entlassen hatte. So war es für den kaiserlichen General Tilly ein leichtes, die unverteidigte Pfalz sowie - zum ersten Mal in der Geschichte - das Schloß einzunehmen.
Der Dicke Turm war neben dem Eckturm der Hardenburg/Pfalz der einzige in Deutschland mit so gewaltigen Maßen: Außendurchmesser 28 m, Mauerstärke durchgehend 7 m, Gesamthöhe 40 m. Dennoch gelang den Pionieren des Sonnenkönigs die Sprengung, die jedoch die Mächtigkeit des Bauwerks noch mehr zur Geltung bringt. Von der Stadtseite her erkennt man die 5 Reihen von Kragsteinen, welche die hölzernen Zwischendecken trugen. Ein starker durchgehender Steinpfeiler diente dem Dach als Mittelstütze.
Zur weiteren Verstärkung seines Westwalls ließ Ludwig V. an der Außenmauer ein fünfstöckiges Rondell ausbauen, einen halbrunden Geschützturm. Er verband durch Gänge und Wendeltreppen die Ebene des Westwalls mit dem Dicken Turm und dem Nordwall und ist heute teilweise wiederhergestellt.
Eine Gedenktafel nahe dem Rondell erinnert an die Besuche Goethes 1814 und 1815 und an seine Freundschaft mit Marianne von Willemer, die ihm das Gedicht widmete. Zurück über den Haupt-

weg gehen wir, vorbei am Haupttor, hinüber zum eigentlichen Schloß-garten an der Ostseite des Bauwerks.

Im Schloßgarten

Dabei bleiben wir auf der Ebene der Einfahrt und halten uns links, so daß wir die östlichen Wehrbauten betrachten können. Wohl der beeindruckendste ist der Krautturm an der Südostecke, der bereits um 1460 als Flankierungsturm entstand. In seinem Untergeschoß lagerten einst die Pulvervorräte - das "Krautmagazin". Er besitzt einen äußeren Durchmesser von 24 m bei bis zu 6,5 m Mauerstärke an der Außenseite. Beim zweiten Sprengungsversuch der Franzosen 1693 spaltete sich der Koloß in 2 Teile, von denen einer als zusammenhängender Block in den Schloßgraben abrutschte und so den einmaligen Blick in das Innere freigab. Nachdem er zunächst hölzerne Geschützböden als Zwischendecken gehabt hatte,

Der massige runde Krautturm gibt seit seiner Sprengung 1693 den Blick in sein Inneres frei.

Wasserspiele mit dem Flußgott "Vater Rhein".

Goethedenkmal im Schloßgarten.

ließ Friedrich IV. die Gewölbe mit dem Mittelpfeiler einziehen und das achteckige Obergeschoß aufsetzen. Man erkennt noch die Geschützscharten, die Kamine zum Abzug des Pulverdampfes und die Ringe zum Einhängen der Handfeuerwaffen. Eine Kasematte in Höhe des Turms schließt den Schloßgraben gegen das Friesental ab, verstärkt durch eine Spitzkasematte in Höhe des Apothekerturms.
Auch seine unteren Geschosse stammen aus dem 15. Jahrhundert, als die Schloßherren es für notwendig hielten, die lange Ostflanke gegen den Friesenberg zu verstärken. Mit dem Bau einer gedeckten Streichwehr zu seinen Füßen verlor der Turm an strategischer Bedeutung und wurde für Wohnzwecke genutzt. Die u.a. hier untergebrachte Schloßapotheke gab ihm den Namen. Nach Norden folgt die schmucklose Außenseite des Ottheinrichsbaus, dessen prächtige Hoffassade so beeindruckt. Der folgende Erker gehört zur Giebelseite des Gläsernen Saalbaus, der sich an den abschließenden Glockenturm anlehnt.
Die Terrassen des Schloßgartens entstanden unter dem "Winterkönig" Friedrich V., der die Anlage westlich und nördlich seines Residenzschlosses dem Zeitgeschmack und seiner prunkvollen Hofhaltung gemäß gestalten ließ. Dazu berief er den französischen Ingenieur Salomon de Caus, der die Planung übernahm und bereits 1616 mit der Ausführung begann. Hunderte von Menschen arbeiteten an dem riesigen Projekt: Sie sprengten Felsen, ebneten die Hügel und füllten den Abraum hinter bis zu 20 m hohe Stützmauern. So entstand - wenn auch strategisch gesehen unklug - aus dem schroffen Friesental ein einzigartiges Kunstwerk, das sich harmonisch mit dem Schloß verband. Zahlreiche Treppen führten auf die fünf Terrassen, auf denen sich kleine Weiher und hübsche Statuen zwischen symmetrisch angelegten Blumenbeeten und exotischen Gehölzen verteilten. Die Gewächshäuser der Orangerie und des Pomeranzengartens konnten beheizt werden, und in der Großen Grotte, bewacht von "wilden Tieren", konnte man Korallen, Muscheln, seltene Steine und kunstvolle Wasserspiele betrachten. An den Schmalseiten der vierten Terrasse ließ Friedrich überlebensgroße Standbilder von sich und seiner Gemahlin errichten, dazwischen beheizte Badehäuser und Kabinette sowie ein Fischzuchtbecken.
Als Friedrich 1619 nach Böhmen zog, war der Garten noch längst nicht vollendet. Dennoch genoß er den Ruf eines Wundergartens, eines achten Weltwunders und wurde von vielen Zeitgenossen beschrieben, besungen und gemalt. 1622 wurde er erstmals umkämpft und teilweise zerstört, im Verlauf des 30jährigen Krieges verfiel er zusehens. Nach erneuter Zerstörung während des Erbfolgekrieges verwahrloste er vollends. Karl Friedrich von Baden ließ ihn im Stil eines englischen Parks wieder anlegen, so wie wir ihn heute kennen und wie ihn noch Goethe bei seinen Besuchen 1814/25 kennengelernt hat.

Blick von der Scheffelterrasse über die Heidelberger Altstadt und den Neckar, der in die weite Rheinebene hinauszieht.

Ein Rundgang durch die Altstadt

Vor Heidelberg waren ihre heutigen Stadtteile Neuenheim und Bergheim bekannt. An der Neckarfurt dürften sich schon früh neben Fischern auch Handwerker und Händler angesiedelt haben, die den Schutz der Burg genossen. Um 1200 entstand die Altstadt, deren Mauern im Westen entlang der Grabengasse und der Großen Mantelgasse, im Osten ab dem Glockenturm entlang der Leyergasse und im Süden entlang der Zwingerstraße verliefen, während die Nordmauer sich naturgemäß dem Neckarlauf anpaßte. Ruprecht II. (1390-98) erweiterte das befestigte Stadtgebiet um die Vorstadt bis zur heutigen Sophienstraße auf das Doppelte. Doch die Stadt brauchte dann 450 Jahre, um diesen neuen Rahmen auszufüllen. Erst 1846 wagte man sich mit dem Bau des Bahnhofs in die weite Ebene jenseits der Sophienstraße.
Im Mittelalter versuchten die Bürger, mit schmalen, hohen Wohnhäusern im Stil der Gotik den engen Platz innerhalb der Mauern optimal zu nutzen, so daß auf winzigen Bauplätzen dicht an dicht die Häuser eines Quartiers standen, dazwischen enge, verwinkelte Gassen. Obwohl die Stadt 1689/93 fast vollständig niedergebrannt wurde und nur wenige alte Bauten erhalten

Information

Führungen: April-Oktober: Fr, Sa, So + Feiertage, November-März: nur Samstag. Treffpunkt jeweils 14 Uhr auf dem Universitätsplatz, Dauer ca. 2 Std.
Auskünfte Verkehrsverein Tel. 06221/21341.

blieben, entstand die Altstadt - bis auf wenige Ausnahmen - erneut nach dem vorgegebenen Schema. Die nach Jahren zurückkehrenden Bürger waren nämlich nur bestrebt, so schnell und einfach wie möglich ihre eigenen Grundstücke wieder zu bebauen, um ein Dach über dem Kopf zu haben. Wenn möglich verwendete man sogar die alten Kellergeschosse, auf denen man die schlanken Giebelhäuser errichtete. Über einen seitlichen Durchgang erreichte man die Außentreppen an der Rückfront. Auf diese Weise harmoniert die Altstadt - wenn auch erst ab 1700 entstanden - vorzüglich mit dem Schloß, dessen Entwicklung bereits um 1620 abgeschlossen war.

Am Universitätsplatz

Der Heidelberger Verkehrsverein hat eine Altstadtwanderung ausgearbeitet und alle bedeutenden Gebäude mit Nummern und kurzen Informationen versehen. Wir beginnen ebenso unseren Rundgang am Universitätsplatz und folgen der vorgeschlagenen Tour.

Die Alte Universität mit ihrem barocken Dach und den kunstvollen Portalen, davor der Löwenbrunnen.

Westlich des Platzes verläuft die Grabengasse, die den Übergang der Altstadt zur Vorstadt markiert und nach dem ehemaligen Stadtgraben benannt ist. Zwischen der Hauptstraße und dem weiten eigentlichen Universitätsplatz liegt breit der dreigeschossige Barockbau der "Alten Universität" ❶. Über seinem geschwungenen Dach erhebt sich das Glocken- und Uhrtürmchen. Zwei Portale mit geschwungenem Dachansatz bilden den einzigen Schmuck des Gebäudes, das Kurfürst Johann Wilhelm 1712-28 nach

Die Aula der Alten Universität mit aufwendigem Wand- und Deckenschmuck aus dem 19. Jahrhundert.

Plänen von Johann Breunig erbauen ließ. Im Innern ist das Rektorat untergebracht, aber auch die repräsentative Aula, die man anläßlich des 500jährigen Bestehens der Universität mit einer aufwendigen Holzkassetten-Verkleidung und Wandgemälden versah.
Nachdem Papst Urban VI. Kurfürst Ruprecht I. die Einrichtung einer Universität erlaubt hatte, waren ihre Lehrsäle zunächst über das ganze Stadtgebiet verteilt. Ihr erster Rektor wurde der berühmte Magister Marsilius von Inghen. Ruprecht gab ihr eine Verfassung, die alljährlich am 1. November in der Heiliggeistkirche vorgelesen und von den Bürgern beeidet wurde. Sie sicherte den Studenten, Lehrern, Buchhändlern und Schreibern freies Geleit sowie Zoll- und Steuerfreiheit zu. So fanden sich schon im ersten Jahr 500 Studenten in Heidelberg ein. Bereits 10 Jahre später standen die ersten Universitätsgebäude auf dem Gelände der Alten Universität. Ihr direkter Vorgängerbau war das Collegium Casimirianum, 1591 unter Johann Casimir erbaut. An ihn erinnert eine Gedenktafel im Treppenhaus.
Während der Religionsstreitigkeiten und Kriegswirren des 17. und 18. Jahrhunderts ging der Hochschulbetrieb stark zurück, so daß sie 1805 von Markgraf Karl Friedrich von Baden neu gegründet werden mußte, ehe sie ihre alte Bedeutung zurückerlangte. Nach ihren beiden Gründern Ruprecht und Karl (Friedrich) heißt sie heute noch Ruperto Carola".
Fast 30.000 Studenten sind heute in Heidelberg eingeschrieben und verteilen sich auf 9 Fakultäten. Ein Großteil der Universität ist ins Neuenheimer Feld ausgelagert, lediglich die Geisteswissenschaften haben ihre Vorlesungsräume und Institutsgebäude in der Altstadt. Dennoch ist hier, auf dem Platz vor der Alten Universität, der Haupttreffpunkt von Heidelberg mit diskutierenden Jugendlichen, Straßenmusikanten, internationalen Tourismus und vorbeieilenden Studenten. In seiner Mitte wacht der Kurpfälzische Löwe über der Brunnenschale, aber auch er scheint nicht mehr gar so streng dreinzuschauen wie zu Zeiten der "hohen Obrigkeit".
Die Augustinergasse an der Rückseite der Alten Universität erinnert an das Augustinerkloster, das den Raum des heutigen Universitätsplatzes einnahm und 1693 mit der Stadt zerstört wurde. Hier rechtfertigte Martin Luther am 26. April 1518 vor dem Generalkapitel seines Ordens seine Lehre. In der Augustinergasse befindet sich der Eingang zum historischen Studentenkarzer im ehemaligen Pedellenhaus, einer der Hauptattraktionen für Touristen. Er diente von 1712 bis 1914 als Gefängnis für Studenten, für welche die Universitätsverwaltung die Rechtshoheit innehatte. Verstöße gegen die öffentliche Ordnung - meist Trunkenheit, grober Unfug und nächtliche Ruhestörung bzw. eine Kombination aus diesen dreien - wurden mit bis zu 2 Wochen Karzer geahndet, bei Widerstand gegen die Staatsgewalt waren es oft 4 Wochen. Bei vielen Studiosi galt ein solches Vergehen als "Kavaliersdelikt",

das zum Studium gehörte wie das Examen. Lediglich die ersten 2-3 Tage mußten sie bei Wasser und Brot darben, dann waren sowohl Verpflegung von außen als auch Besuch der Mithäftlinge und der Vorlesungen erlaubt. Viele Gene-rationen von Studenten haben sich mittels Wasserfarben und Kerzenruß an Decken und Wänden ihrer "Zellen" verewigt, denen sie Namen wie "Grand Hotel" und "Sanssouci" gaben. In Verlängerung der Augustinergasse nach Süden finden wir an einem Barockbau eine Gedenktafel für den Mundartdichter Nadler, der hier geboren wurde.
Das schlichte Gebäude an der Südseite des Uniplatzes heißt "Neue Universität" und ist "Dem lebendigen Geist" gewidmet. Es entstand aus Mitteln einer Spendenaktion in den Vereinigten Staaten, die der Universität 1928 überreicht wurden. Der einzige Schmuck der langgestreckten dreiflügeligen Anlage ist die Plastik der Pallas Athene, Göttin der Weisheit, über dem Eingang. Die Inschrift änderten die Nationalsozialisten um in "Dem deutschen Geist", was 1945 wieder korrigiert wurde.
Der Innenhof der Anlage öffnet sich nach Osten. In seine Südwestecke integrierte man den Hexenturm (1380) ❷, der als einziger der mittelalterlichen Türme erhalten blieb. Einst diente er als Frauengefängnis, später hat man ihn zu einer Gedenkstätte für die gefallenen Studenten des 1. Weltkrieges umgestaltet.
Die linke Straßenseite nimmt das frühere Jesuitengymnasium ❸ ein, ein langgestreckter, schlichter Bau, der im 19. Jahrhundert die Universitätsbibliothek beherbergte.
Über einige Stufen gelangen wir in die Seminarstraße. Genau gegenüber öffnet sich der Ehrenhof vor dem schönsten der Jesuitenbauten, dem "Collegium Academicum" ❹. Um 1720 als Karlskonvikt gegründet, sollte es den Jesuiten zum Heranziehen von Ordensnachwuchs dienen. Nachdem Papst Clemens XIV. den Orden 1773 aufgehoben hatte, ging sein Besitz an die Universität über, und die Nutzung der Gebäude wechselte mehrfach. Vor 1808 war hier ein katholisches Gymnasium untergebracht, zwischen 1826 und 1843 eine "Irrenanstalt", danach bis 1876 die Chirurgische und die Medizinische Universitätsklinik. Eine Gedenktafel am östlichen Pavillon erinnert an die Soldaten des Grenadierregiments Nr. 110, die von 1881 bis 1914 hier untergebracht waren und im 1. Weltkrieg 1363 Gefallene zu beklagen hatten. Später waren Teile eines Gymnasiums und ein Studentenwohnheim hier zuhause, wo heute die Zentrale Universitätsverwaltung ihr Domizil hat.

i Information

Studentenkarzer, Alte Universität, Augustinergasse, Tel. 542334, geöffnet 1.4.-31.10. Di-Sa 10-12.30 Uhr und 14-17 Uhr; 1.11.-31.3. Di-Fr 10-12.30 Uhr und 14-17 Uhr, Sa 10-13 Uhr; Mo, So geschlossen

Arrestzelle des Studentenkarzers in der Augustinergasse.

*Wand-
zeichnungen
im Studenten-
karzer*

Der hübsche Dreiflügel-Bau lenkt den Blick auf die Gebäudemitte, dessen Vorbau mit den Rundbogenbekrönungen und dem kartuschengeschmückten Dreiecksgiebel hinaus weist zum lustigen, wohlgeformten Dachreiter.
Östlich vom Jesuitengymnasium hat sich ein südländisch anmutender Palazzo zwischen die Jesuitenbauten geschoben, das ehemalige Justizgebäude. Zwischen ihm und dem Jesuitengymnasium gehen wir die Schulgasse abwärts. Vor der Jesuitenkirche ❺ verweilen wir auf dem kleinen Vorplatz. Ihre Nordfassade ist mit Statuen des Ordensgründers Ignatius von Loyola geschmückt. Die Grundsteinlegung erfolgte 1712, als die ganze Stadt noch in Trümmern lag. Nach Plänen des Heidelberger Baumeisters Breunig zog sich der erste Bauabschnitt bis 1723 hin, während die zweite Bauphase unter Rabaliatti erst 1759 abgeschlossen wurde. Im schwerelos wirkenden Innenraum sind das Weihwasserbecken v.d. Brandens und die Orgelempore Rabaliattis sehenswert. Die Gruft beim linken Seiteneingang birgt die sterblichen Überreste des tatkräftigen Kurfürsten Friedrichs I. und seiner Familienangehörigen. Sie wurden, nach einer Odyssee durch verschiedene Klöster, hier beigesetzt. Das Gotteshaus birgt heute ein Museum für sakrale Kunst und Liturgie.
Die Westseite des Kirchenvorplatzes ziert eine qualitätvolle Madonnenstatue v.d. Brandens am Haus Schulgasse 2. Seine Ostseite wird vom an die Kirche angebauten Kollegiengebäude der Jesuiten abgeschlossen. Drei hohe Geschosse ziehen sich kasernengleich ungegliedert die Merianstraße entlang und die Kettengasse hinauf. Nachdem der Riesenbau lange Jahre ein Gymnasium beherbergte, ist er heute vollständig von der Universität belegt. Nach einem Blick die lange, eintönige Kettengassenfront entlang, folgen wir der Ingrimstraße, die beinahe eine Fortsetzung der Merianstraße bildet.

Madonnen-Statue bei der Jesuitenkirche.

Blick in den Chor der barocken Jesuitenkirche (1712-1759).

In der östlichen Altstadt

Auf dem Weg durch die typische Altstadtgasse passieren wir verschiedene enge Quergassen, die immer wieder einen Blick auf die zusammengedrängten Häuserfronten gestatten. Man kann sich leicht vorstellen, welche Wirkung die brennenden Pechkränze hatten, mit denen 1693 die französischen Soldaten Quartier um Quartier anzündeten. Bereits 1265 erwähnen die Chroniken eine Badstube in der Mittelbadgasse ❻, der wir nach links folgen. In der Hauptstraße setzen wir unseren Weg nach Osten fort. In Höhe des Rathauses öffnet sich der Fußgängerbereich nach rechts zum Kornmarkt ❼, der den Blick freigibt auf die herrliche Schloßruine.

Blick über den Kornmarkt auf die Schloßruine mit dem Glockenturm und der 7 m starken Außenmauer des Dicken Turmes.

An seiner vorderen Ecke stand bis 1978 Heidelbergs einstige Nobelherberge "Prinz Carl", in der im 19. Jahrhundert berühmte Leute wie die späteren Kaiser Wilhelm I. und Friedrich III., Bismarck, von Moltke und Mark Twain logierten. Das Gebäude sollte innen gründlich saniert werden, doch stellte sich dabei heraus, daß auch die Außenwände nicht mehr tragfähig waren.

Die Kornmarkt-Madonna vor der Schloßruine.

Seitdem bewahrt man die Bauteile von historischem Wert an der Südwestecke des vergrößerten Platzes auf. Durch die Veränderung der Maßverhältnissse nimmt der Brunnen mit der "Kornmarkt-Madonna" leider nicht mehr die Mitte des Platzes ein. Die kunstvolle Statue im Stil des Barock schuf Bildhauer Peter von den Branden 1718 in kurfürstlichem Auftrag. Sie hatte ursprünglich eine Säule als Unterbau, ehe man 1830 den heutigen Brunnen fertigte. Mit dem Schloßgemäuer im Hintergrund bildet das Kunstwerk eines der reizvollsten Motive für Maler und Photographen.
Das Eckhaus am Beginn des Burgwegs heißt "Haus Graimberg" ❽, denn hier wohnte der Schloßkonservator und Begründer der städtischen Sammlungen. In einer Fensterleibung erkennt man noch die französische Inschrift, die für seine Kupferstiche vom Schloß warb. Für ihn war das eines der Mittel, seine Zeitgenossen von der Schönheit der Ruine zu überzeugen. Seit 1965 ist die Stadt nun Besitzerin des Hauses und hat hier ihr Baudezernat untergebracht, das zuvor im "Prinz Carl" residierte. An der Ostseite des Gebäudes führt die Kanzleigasse mit ihren zauberhaften Gärten bergan. An ihrem Ende zu Füßen der Burg befand sich die "Kanzlei", von der aus die Kurpfalz verwaltet wurde.
Über die Karlstraße - früher "Kaltes Tal" genannt - erreichen wir den Karlsplatz, der einst vom Barfüßlerkloster ausgefüllt wurde.

Nachdem dieses nach 1693 über 100 Jahre in Trümmern gelegen hatte, ersteigerten 1803 die Anwohner in der Karlstraße die Ruine samt dem Garten und ließen das Gelände als öffentliche Anlage herrichten. 1977/78 befreite die Stadt den Platz von parkenden Autos und ließ darunter ein dreistöckiges Parkhaus einrichten, das sich unter der ornamentierten Pflasterdecke verbirgt. Der neuzeitliche Brunnen in der Platzmitte ist dem bekannten Humanisten, Kosmographen und Hebraisten Sebastian Münster gewidmet, der für seine Kosmographie u.a. einen Holzschnitt mit einer Ansicht Heidelbergs im 16. Jahrhundert schuf. Der Brunnen symbolisiert mit seinen schräg versetzten elliptischen Ebenen und den Wasserbogen die Planetenbahnen und mit der überdimensionalen Größe der Erdkugel die Bedeutung, die ihr der Mensch beimißt. Auf der Erde wiederum sind Menschen, komplett oder unvollständig, inmitten ihrer Umwelt dargestellt.

Über die Südseite des Platzes lagert die Schloßruine und scheint sie zu erdrücken. Diese Seite wiederum wird dominiert von einem breiten Barockbau, dem "Großherzoglichen Palais" ❾. Errichtet 1717 als Wohnhaus für einen Beamten, ging das Palais 1768 in kurfürstlichen Besitz über und beherbergte die Landschreiberei. Im 19. Jahrhundert stand es der badischen Hofhaltung zur Verfügung, wenn sich diese in Heidelberg aufhielt. Seit den zwanziger Jahren unseres Jahrhunderts ist darin die "Akademie der Wissenschaften" untergebracht. Das ordentlich restaurierte Gebäude besitzt hübsche Stuckdecken, Ofennischen, Wandvertäfelungen und Beschläge sowie einen sehenswerten Terrassengarten mit pavillonartigen Nebengebäuden.

Zwei Häuser weiter links steht eines der interessantesten Wohnhäuser der Altstadt, das Mittermaierhaus ❿. Es entstand Anfang des 18. Jahrhunderts als Dreiflügelbau, doch sind die Seitenflügel an der Rückseite zum Garten hin angebaut. Sein berühmtester Bewohner war von 1821 bis 1867 der Rechtsgelehrte und Politiker Karl Josef Anton Mittermaier, dessen Familie das Gebäude bis 1958 in Besitz hatte. Seitdem dient es als Studentenwohnheim.

Die nördliche Platzmitte beansprucht das ebenso alte Palais Sickingen, heute meist Palais Boisserée ⓫ genannt. Die Brüder Sulpiz und Melchior Boiserée hatten 1810 bis 1819 das Gebäude gemietet und hier ihre berühmte Sammlung altdeutscher Gemälde untergebracht, die heute in der Münchner Alten Pinakothek zu sehen ist. Eine zweite Gedenktafel erinnert an die Besuche Goethes, der 1814 und 1815 jeweils für mehr als zwei Wochen bei den Kunstsammlern wohnte. Nach der Anerkennung der Kunstsammlung durch den großen Dichter wurde das Haus zu einem politischen und gesellschaftlichen Treffpunkt.

Wir folgen nun wieder der Hauptstraße ostwärts, vorbei an zwei der berühmtesten historischen Studentenlokale, dem "Seppl" und dem "Roten Ochsen". Nach rechts führen die reizvolle Kisselgasse und die Plankengasse bergan, die einst mit ihrer steilen Verlänge-

Das Palais Boisserée am Karlsplatz.

← Historisches Studentenlokal "Sepp'l".

Ausleger "Zum Roten Ochsen".

rung, dem Eselspfad, die Verbindung zwischen der Herrenmühle am Neckarufer und dem Schloß herstellte. Das Quartier zwischen beiden Gassen wird vom Wissenschaftlich-Theologischen Seminar der Universität ausgefüllt. Ein hübsches Empire-Portal in der Kisselgasse ist von einem der Vorgängerbauten übernommen worden.

Rechts engt die hübsche Freitreppe mit dem Empiregitter von "Haus Buhl" ⓬ die schmale Hauptstraße noch weiter ein. Es steht auf dem Anwesen des einstigen Hofrichters. Aus dem Garten, der fast bis zum Schloß hinaufreichte, stahl Prinzessin Liselotte von der Pfalz einst Kirschen. Im Innern vermittelt das Haus mit seiner sehenswerten Treppe die Idylle der Biedermeierzeit und dient heute der Universität als Gästehaus.

Gerade gegenüber lagert der schmucklose Barockbau des "Palais Weimar" ⓭, der mit seinen eingeschossigen Seitenflügeln einen hübschen Hofraum umschließt. Nachdem es nach 1700 als Wohnhaus eines Generals erbaut worden war, gelangte es nach mehrfachem Wechsel 1921 an die Portheim-Stiftung für Wissenschaft, die noch heute hier ein Völkerkundemuseum unterhält.

Die steile Gasse "Friesenberg" führt in den Schloßgarten. Links davon besaßen die Schönauer Zisterzienser einst ein Kloster, in welchem ihre studierenden Brüder wohnten. Nach der Zerstörung siedelten sich Barfüßer-Karmeliter an. Ihre Kirche diente im 18. Jahrhundert als Grablege der Wittelsbacher Kurfürsten. Nachdem Heidelberg jedoch badisch geworden war, überführte die Fürstenfamilie die Gebeine ihrer Vorfahren nach München. Lediglich die links von der Hauptstraße abzweigende Jakobsgasse erinnert an den ausgedehnten Klosterbezirk.

Das Karlstor am östlichen Ende der Altstadt. ➔

Palais Weimar, heute Völkerkundemuseum.

Information

Völkerkundemuseum, Hauptstraße 235, Tel. 22067, geöffnet Di-Fr 15-17 Uhr, So 13-17 Uhr

Der gegenüberliegende Gebäudekomplex wurde auf dem Gelände der 1972 abgebrannten Herrenmühle errichtet und erregte damals als Meilenstein der Stadtsanierung großes Aufsehen. Die kleinflächigen Fassaden und Dächer stehen in geschicktem Bezug zum Bild der Altstadt. Zuvor hatte die befestigte Mühle am Neckarufer sich im Laufe ihres 600jährigen Bestehens zu einer modernen Industriemühle entwickelt, ehe sie 1962 stillgelegt wurde.

Am Karlstor ⓮ erreichen wir das östliche Ende der Altstadt. 1775 legten die Stadtväter in Anwesenheit Kurfürst Karl Theodors den Grundstein für das Prunktor, mit dem sie ihm huldigten. Wie auch

heute bei öffentlichen Großbauten nicht ungewöhnlich, stiegen die Baukosten auf ein Mehrfaches der veranschlagten Summe, so daß die Bürger murrten. Dennoch ließ man den Bau vollenden, obwohl zu dieser Zeit Karl Theodor seine Residenz bereits nach München verlagert hatte. Im Unter- und im Obergeschoß richtete man je drei Gefängnisräume ein, im Erdgeschoß zwei Wachräume. Der kernig und doch harmonisch wirkende klassizistische Bau steht nahe der Ausfahrt von zwei Tunneln. Während der hintere noch immer von der Eisenbahn benutzt wird, hat man den älteren vorderen in einen Autotunnel zur Entlastung der Altstadtstraßen umgewandelt. Er entstand 1859/62 und verband das Neckartal über die Friedrich-Ebert-Anlage und einen zweiten Tunnel mit dem alten Hauptbahnhof von 1840.
In Höhe des Karlstors hat man den Neckar angestaut, um Überschwemmungen möglichst zu verhindern und das Fahrwasser gleichmäßiger tief halten zu können. Mittels eines Hebewerks überwinden die Schiffe den entstandenen Höhenunterschied. Der Schleusensteg führt auch auf die nördliche Neckarseite, wo der Besucher über die Hirschgasse Heidelbergs Schaupfad, den Philosophenweg, erreichen kann.
Die Straße, die uns am Neckar entlang wieder in Richtung Zentrum führt, heißt "Am Hackteufel". Die hier im Fluß hervortretenden Granitschwellen wurden manchem Flößer zum Verhängnis, der sein Mißgeschick dann überirdischen Mächten zuschrieb.
Am Neckarmünzplatz befindet sich ein Parkplatz und Betreuungszentrum für Reisebusse sowie eine mehrsprachige Touristeninformation. Die Leyergasse an seiner Westseite markiert in etwa den Verlauf der mittelalterlichen Stadtmauer, die von hier bis zur Schloßbefestigung verlief, das Jakobsviertel lag außerhalb. Von der Leyergasse biegen wir rechts in die Heiliggeistgasse ein, die uns zum Schmitthennerhaus ⓯ führt. Der Dichter Adolf Schmitthenner, zugleich Pfarrer in der Christus- und der Heiliggeistkirche, wohnte hier in der zweiten Hälfte des 19. Jahrhunderts. Neben seinen Heidelberger Erzählungen und Novellen ist besonders sein Roman "Das deutsche Herz" bekannt geworden.
Die folgende Mönchgasse erinnert an die Schönauer Zisterziensermönche, die hier vor der Zerstörung Heidelbergs einen Mönchshof und die Mönchmühle am Neckar bewirtschafteten.
Während wir schon die imposante Fassade der Heiliggeistkirche im Blickwinkel haben, erregt ein weiterer breitgelagerter Barockbau unsere Aufmerksamkeit, das Nebelhaus ⓰. Über seinem rechten Portal erblicken wir das Wappen des Hofapothekers Nebel, datiert mit der Jahreszahl 1710. Das Gebäude entstand auf dem Gelände der zerstörten Höfe der "Landschaden" von Neckarsteinach. Beim Rathaus mündet die Gasse in den Marktplatz, im Mittelalter das Zentrum jeder Stadt.

Blick über den Marktplatz mit dem ältesten Rathausbau, der bald nach den Zerstörungen von 1689/93 begonnen wurde.

Am Marktplatz

In Heidelberg wird er von zwei Gebäuden an seiner West- und Ostseite geprägt, der Heiliggeistkirche und dem Rathaus. Einen Akzent setzt der Herkulesbrunnen in seiner Mitte, der mit stoischer Ruhe das Treiben zu seinen Füßen betrachtet: den Wochenmarkt und das Maisingen der Studenten, das Verbrennen des Wintersymbols nach dem Sommertagszug und die jungen Leute, die auf seinen Stufen rasten. Die Figur, gefertigt 1701 von H. Charrasky, atmet barocke Freude am Bildnis. In früheren Jahrhunderten war der Platz Ort des öffentlichen Gerichts und der Bestrafung gewesen, der Hexen- und der Ketzerverbrennungen. So wurde in Urkunden überliefert, daß man 1525 "uff dem Markt sieben die Kepf abgeschlagen, dreien die Finger abgehauen", 1572 Superintendent Sylvanus von Ladenburg wegen arianischer Gesinnung öffentlich enthauptet und 1812 den Räuberhauptmann Hölzerlipps und seine Bande zum Tode verurteilte. Diese letzte Bestrafung vollzog man am Galgen vor der westlichen Stadtmauer.

Der Herkulesbrunnen auf dem Marktplatz.

Beim Rathausbrunnen stand bis 1740 der Triller, ein drehbar aufgehängter Käfig. Hier hinein sperrte man Menschen wegen geringfügiger Vergehen, wirbelte sie herum und gab sie dem Spottgelächter der Mitbürger preis.

Das Rathaus ⑰ wuchs erst im Laufe der Jahrhunderte zu seiner heutigen Größe. Nachdem sein Vorgängerbau - wie fast alle Gebäude - mehr als 10 Jahre in Trümmern gelegen hatte, begannen deren Beseitigung und der Neubau 1701, als die Einwohner wieder Mut gefaßt hatten. Es entstand der relativ kleine Bau, der heute die Mitte der Marktplatzfassade bildet. Das Wappen über seiner Balkontür, zentnerschwerer und farbenprächtiger Schmuck, fertigte der Bildhauer Charrasky, der auch den Herkules schuf.

Wuchtig thront die Heiligkeistkirche im Zentrum der Altstadt. Einmalig sind die Verkaufsstände zwischen ihren Strebepfeilern.

An der Südwestecke des Marktplatzes signalisiert ein farbenprächtiges kurpfälzisches Wappen das Gebäude der früheren Hofapotheke ⓲, ein Barockhaus aus der Zeit des Wiederaufbaus nach 1700. Auf diese Seite schauen die eigenartig häßlichen Wasserspeier der mächtigen Heiliggeistkirche ⓳ herab. Im Gegensatz zu den meisten anderen gotischen Kirchen ist ihre Fassade einheitlich durchgestaltet, so daß weder Chor noch Seitenschiffe von außen zu erkennen sind. Den Grundstein zur größten gotischen Kirche im kurpfälzischen Raum legte Kurfürst Ruprecht III. 1398.

Nach 12 Jahren war der Chor aufgeführt, 1441 auch das Langhaus, und man begann mit dem heute 82 m hohen Turm, der allerdings erst 1544 vollendet war. Einmalig sind die Verkaufslädchen zwischen den mächtigen Strebepfeilern, die bereits 1483 in einer Urkunde genannt sind. Über dem Mittelportal der Hauptstraßenseite prangt das Wappen Johann Wilhelms und seiner Gemahlin, einer geborenen Medici. Daran erkennt man, daß die Kirche neben ihrer Hauptfunktion auch als Grablege der kurfürstlichen Familie diente; außerdem war sie Festsaal der Universität.

In die Wandflächen sind Grabtafeln aus vier Jahrhunderten eingelassen, doch wurden die 55 Grabstätten der Kurfürsten 1693 fast vollständig zerstört. Lediglich das Grabmal des Kirchenstifters, König Ruprechts I. und seiner Gemahlin, blieb unversehrt erhalten. In jenem Katastrophenjahr hatten sich viele Heidelberger Bürger vor den plündernden und brandschatzenden Soldaten des Sonnenkönigs in den Schutz der Kirche geflüchtet oder waren hineingetrieben und eingeschlossen worden. Der brennende Dachstuhl begann bereits einzustürzen, als sich der französische Marschall erweichen ließ und die armen Menschen befreite.

Die 60 m lange Kirche ist gleichmäßig 20 m breit, auch wenn sie durch die Säulenreihen des Langhauses hier schmaler wirkt als der Chor. Vor allem aber ist das Langhaus wesentlich dunkler,

← *Heiliggeistkirche: Blick durch das eng wirkende Mittelschiff in den lichten Chorraum.*

Heiliggeistkirche: Physikfenster mit Bibeltexten und dem Datum der Hiroshima-Katastrophe.

was vor allem durch die nachträglich eingebauten Emporen verursacht wurde. Andererseits schuf man dadurch den Raum für die damals umfangreichste Büchersammlung der Welt, die berühmte Biblio-theca Palatina. Den Stiftungen eines Adligen (1419) sowie der Pfalzgrafen Ludwig III. und besonders Otto Heinrich fügte Huldrich Fugger einen Bücherschatz von 235 Zentner Gewicht hinzu. Die unersetzlichen Schriften legte man zur allgemeinen Benutzung auf Pulten aus, mit denen man die Empore möblierte. Zum Schutz gegen Diebstahl sicherte man sie durch Ketten und Schlösser. Diese waren jedoch unwirksam gegen die Willkür Tillys und des Herzogs Maximilian von Bayern. Nach der Einnahme Heidelbergs 1623 ließ der kaiserliche Feldherr aus Pulten, Kirchenbänken und Kassettendecken Kisten zimmern und die Beute auf 50 Wagen nach Rom transportieren. Außer dieser wertvollsten Bibliothek des Abendlandes verschwanden auch die kurfürstliche Privatbücherei und die der Universität. Bis auf geringe Teile sind sie noch heute Bestandteil der päpstlichen Bibliothek des Vatikan. Einige der vor allem deutschen Handschriften wurden allerdings Anfang des 19. Jahrhunderts zurückerstattet und sind heute ebenso in der Heidelberger Universitätsbibliothek untergebracht wie die 1888 erworbene berühmte Manessische Liederhandschrift, die einst den Kurfürsten gehörte.

Heiliggeistkirche: Grabmahl König Ruprechts (†1410) und seiner Gemahlin.

Chor der Heiliggeistkirche. Die mächtige Orgel steht mehrmals im Jahr im Mittelpunkt von Kirchenkonzerten.

Nach dem Wiederaufbau der Kirche um 1700 nutzten die Katholiken und die Reformierten zunächst die Heiliggeistkirche abwechselnd, doch 1705 baute man eine Scheidemauer zwischen Chor und Langhaus. Kurfürst Karl Philipp (1716-42) aber verlangte die gesamte Kirche als Grablege seiner Familie. Aus dem Starrsinn des katholischen Herrschers und dem Widerstand des reformierten Teil der Bevölkerung erwuchs ein Streit, der schließlich dazu führte, daß der Kurfürst seine Residenz nach Mannheim verlegte. Die Scheidemauer selbst blieb als Symbol christlicher Intoleranz bis 1936 stehen. Vom Umgang des Turms genießt man einen herrlichen Ausblick über Altstadt, Neckar, Schloß und Königstuhl.

Soli Deo Gloria
PERSTA INVICTA VENUS
Hotel zum Ritter
HOTEL RITTER
RESTAURANT

Auf der anderen Hauptstraßenseite steht mit dem Haus "Zum Ritter" ⑳ das einzige Bürgerhaus, das die Kriege des 17. Jahrhunderts ohne nennenswerte Schäden überstand. Der Calvinist Charles Belier war als Glaubensflüchtling aus Frankreich nach Heidelberg gekommen, wo er sich 1592 den prächtigen Renaissancebau errichten ließ. In den Gewölben des Erd- und des Kellergeschosses lagerten die Waren des Tuchhändlers, die er auf den heruntergeklappten Läden im Erdgeschoß feilbot. Die kunstvoll gestaltete Fassade erinnert an die berühmten Palastbauten Otto Heinrichs und Friedrichs IV., die etwa gleich alt sind. Besonders gefällt die kräftige Horizontal- wie Vertikalgliederung der Ober- und Giebelgeschosse durch Bänder, Halbsäulen und Pilaster, durch symmetrische Fensterreihen und schwach hervortretende Erker. Am Sockel des 2. Obergeschosses finden sich rechts die Brustbilder der Bauherren, links die dazugehörigen Wappen, je von einem Engel gehalten. Das Wappentier der Beliers ist der Widder (französisch belier). Am Schild sind außerdem der Name Carolus Belier und die Jahreszahl 1592 angegeben. Die Brustbildnisse eine Etage tiefer stellen die Kinder der Bauherren dar. Zwei der lateinischen Inschriften zeugen von der Frömmigkeit der Hugenotten: "Si Jehovah non aedificet domum, frustra laborant aedificantes eam" (Wenn Gott nicht das Haus baut, arbeiten die Handwerker vergebens) und - im obersten Giebelfeld - "Soli Deo Gloria" (Gott allein die Ehre). Dazwischen jedoch befindet sich die eher unchristliche Aufforderung: "Persta, invicta Venus" (Bleib standhaft, unbesiegte Venus). Nach der Zerstörung der Stadt dient das Haus ab 1693 zehn Jahre lang als Rathaus. Seit 1703, fast 300 Jahre lang, wird das Gebäude nun als Gasthof geführt. Einige Meter weiter die Hauptstraße ent-lang, an der Ecke zur Kettengasse, gefällt eine Madonnenfigur am Mederschen Haus ㉑, einem weiteren Bauwerk aus dem 18. Jahrhundert. Eine weitere hübsche Madonnenstatue schmückt eine Ecknische am Tratteurschen Haus ㉒, an der Nordseite der Heiliggeistkirche am Fischmarkt gelegen. Nachfolger eines für einen Fischmarkt obligatorischen Brunnens ist der an der Wand der Heiliggeistkirche.

← *Renaissance-Fassade des Hotels "Zum Ritter".*

Verkaufsladen am Fuß der Heiliggeistkirche.

Barocker Schmuck eines Bürgerhauses: die Fischmarkt-Madonna.

In der nördlichen Altstadt

Die Hauptstraße trennte schon im Mittelalter die Altstadt in zwei Hälften, in denen die Nebengassen wie Fischgräten nach Norden und Süden der Stadtmauer zustrebten. Die Steingasse nun führt von der Heiliggeistkirche geradewegs auf die "Alte Brücke" mit dem Brückentor ㉓. Vom historischen Gasthof "Zum Hackteufel" hat man einen prächtigen Blick auf den Torbau, umrahmt von den harmonischen Häuserfronten der Gasse.
Die Türme entstanden mit der mittelalterlichen Stadtbefestigung. Mit ihnen und später einem hohen Torturm nahe dem nördlichen Ufer sicherte man die Stadteinfahrt über die damalige Holzbrücke. Der Verbindungsbau entstand 1786 - 88 mit der Errichtung der heutigen fein geschwungenen Steinbrücke, welche die wahrscheinlich 8 Holzbrücken ersetzte, die immer wieder Opfer von Hochwassern oder Eisgang geworden waren. Eine Wendeltreppe im östlichen Turm führt in die städtische Wohnung im Verbindungsbau, der westliche Turm enthält drei Arrestzellen. Zwar ist die der Stadt zugewandte Seite die von der Ausarbeitung her schönere, doch wird die Nordseite bei weitem häufiger abgelichtet: Sie besticht durch ihren Hintergrund mit Altstadtgassen, Häuserfronten und dem Turm von Heiliggeist. Am ersten Pfeiler hinter dem Brückentor haben - laut lateinischer Inschrift - "Rat und Bevölkerung von Heidelberg Carl Theodor, dem Vater der Pfalz, in Ergebenheit" 1788 ein Denkmal gesetzt. Die Reliefs am Sockel des Standbilds stellen neben dem kurfürstlichen Wappen wichtige Ereignisse während seiner Regierungszeit dar: die Vereinigung der Pfalz mit Bayern, das 400jährige Jubiläum der Universität und das 50jährige seiner Regierung. Den Fürsten umlagern die Darstellungen der Flußgottheiten Rhein, Donau, Neckar und Mosel. Ein neueres Schild informiert die Besucher über die früheren Hochwasser, deren Marken am zweiten Brückenpfeiler gut sichtbar angebracht sind.

Beim zweiten Standbild nahe dem nördlichen Ufer wird Karl Theodor mit Pallas Athene, der Göttin der Weisheit, in Verbindung gebracht. Die Frauengestalten zu Füßen der Göttin verkörpern Frömmigkeit, Gerechtigkeit, Ackerbau und Handel, die Reliefs zeigen Darstellungen der Astronomie, Architektur, Bildhauerkunst und Malerei - Tätigkeitsfelder, mit denen sich der Kurfürst befaßte.
Die älteste der Brückenstatuen ist heute an einem kleinen Platz am Nordufer aufgestellt, die des Brückenheiligen Nepomuk. Sie stand ab 1738 auf dem zweiten Pfeiler ab dem Nordufer anstelle des zerstörten Torturms der Vorgängerbrücken, mußte aber beim Bau der Steinbrücke der Pallas Athene weichen. Das stattliche barocke Bildwerk, geschmückt mit zahlreichen Puttenköpfen, zeigt unter anderem den Heidelberger Wappenlöwen auf dem Dreiberg, geschützt vom Hut zum Zeichen der Kurwürde.
Beim Rückweg über die Brücke genießen wir den Anblick des malerischen Torbaus und seines Hintergrundes. Das Gebäude

Torbau der Alten Brücke vor dem Turm der Heiliggeistkirche. Im Vordergrund die Statue des Bauherrn, des Kurfürsten Karl Theodor.

links davon war seit 1706 die Neckarschule ㉔, deren Vorgängerin bereits im 16. Jahrhundert hier stand. Deutlich zu erkennen ist der Torbogen, das "Tränktor", durch den das durstige Vieh an den Neckar getrieben wurde. An der Stadtseite sieht man noch die Wappensteine, die zum Metzgerzunfthaus, gleichzeitig Schlachthaus, gehörten. Westlich vom Brückentor stand im Mittelalter das mächtige kurfürstliche Kornhaus, das den heute recht weiten Platz enorm einengte. An seiner Stelle erinnert die moderne Skulptur eines Affen an seinen Vorgänger, der im Mittelalter am Torturm vor dem Nordufer die Reisenden begrüßte. Er hält seinen Beschauern den Spiegel vor und gibt ihnen Gelegenheit für ein Photo mit seiner Affenmaske.

Das Gefälle des Platzes zeigt deutlich den Höhenunterschied von der Brücke zum Niveau der vorderen Häuser. Seit jeher ist der "Briggebuggel" von Gasthöfen eingerahmt, die den von Norden her Einreisenden empfingen, der "Alten Mühle", der "Alten Brücke", dem "Goldenen Hecht" (seit 1717, prächtige Türbekrönung), dem breitgelagerten "Holländer Hof" und dem Hotel "Vier Jahreszeiten", das in einer Ecknische eine hübsche Hausmadonna trägt. An seiner farbigen Barockfassade beginnt die Haspelgasse.
Etwa in der Mitte der breiten Gasse fällt das ansehnliche Portal des Palais Cajeth ㉕ ins Auge, flankiert von zwei prachtvollen bärtigen Hermen und mit der Jahreszahl 1735 datiert. Zuvor stand auf diesem Grundstück ein mittelalterliches Kaufhaus mit großem

Blick über den Neckar bei der Alten Brücke. Links vom Brückentor die ehemalige Neckarschule mit dem Tränktor, darüber der Turm der Jesuitenkirche.

Der "Heidelberger Affe" hält seinen Besuchern den Spiegel vor.

Saal, weshalb man es 1424 auch als "Tanzhaus" erwähnte. Der jugendliche Kurfürst Friedrich V. gab hier, als er mit seiner englischen Gemahlin in Heidelberg einzog, ein Festmahl an 150 Tischen. Auf dem Merianstich erkennt man das einstige Gebäude an dem riesigen Walmdach, markiert mit der Nummer 18.
Das historische Studentenlokal "Cafe Knösel" stellt wiederum einen der typischen Heidelberger Altstadtbauten dar, die durch ihre schlichte Harmonie imponieren. Hier biegen wir in die Untere Straße ein, die einige Altstadtkneipen beherbergt. Bis zur ersten Querstraße, der Pfaffengasse, reichte einst das bereits erwähnte Tanzhaus. Hier finden wir das Geburtshaus des ersten Reichspräsidenten der Weimarer Republik, das inzwischen als "Gedächtnisstätte Friedrich Ebert" ㉖ eingerichtet wurde. Neben den beengten Räumlichkeiten kann der Besucher hier Briefe und Aufzeichnungen, zeitgenössische Photos und Zeitungsartikel des berühmten Sozialdemokraten in Ruhe betrachten.

Typische Altstadtgasse: die Untere Straße ➔

Friedrich-Ebert-Gedenkstätte: Geburtswohnung. Der Eintritt ist frei.

Die nächste Querstraße, heute Dreikönigstraße, hieß früher Judengasse. Obwohl sie im Hochmittelalter in Heidelberg nicht in ein Getto gezwungen wurden, wohnten die Juden doch dicht beeinander. Nachdem noch Ruprecht I. sie in die Stadt geholt und ihnen die Ausübung von Geschäften und sogar den Erwerb von Besitz - gegen Schutzgelder und Steuern - gestattet hatte, ließ sein Nachfolger, Ruprecht II., sie kurzerhand aus Stadt und Land vertreiben, ihr Eigentum einziehen und es der Universität überschreiben. Ihre Synagoge wurde - zur Beruhigung des Gewissens - in eine Marienkapelle umgewandelt. Ein schönes Portal bereichert die schlichten Fassaden in der Dreikönigstraße.
Hier in der Unterstadt, ständig bedroht von Hochwasser, gab es wenige vornehme Bürgerhäuser. Eines jedoch, das Palais Rischer ㉗, steht am Eingang zur Bussemergasse, der es seine Hauptfront zuwendet. Der sehr ansehnlich gestaltete Haupteingang mit kräftigen Pilastern und hübschen korinthischen Kapitellen befindet sich an der Unteren Straße. Sehenswert sind vor allem auch die stark profilierten Fenstergewände mit Schlußsteinen in Form von Männerköpfen. Dieses stolze Bürgerhaus entstand nach 1711 in Anlehnung an einen italienischen "Palazzo" für den Baumeister Rischer, der dem Wiederaufbau der Stadt formende Impulse vermittelte. Im 19. Jahrhundert nutzte die Universität das Gebäude als "Fechtboden".
In diesem Bereich der Altstadt sind sonst die Grundstücke besonders winzig, im Durchschnitt 144 m² groß. Kein Wunder also, daß weder Gärten noch Grünflächen die Quartiere beleben. Die Besitzer behelfen sich mit kleinen Dachgärten, oder sie ziehen in angenehmere Wohngebiete: zu 60% sind die Kleinwohnungen

Heidelberg aus der Luft: Deutlich hebt sich die enge Bebauung der eigentlichen Altstadt - oberhalb des Marstallgevierts - von der aufgelockerten der Vorstadt ab.

von Studenten bewohnt. Kinder leben kaum in diesem Milieu, das zusätzlich durch die Gaststätten und deren Besucher belastet wird. Ein Fachwerkhaus in der Unteren Straße ist sauber restauriert, ebenso das Haus Nr. 16, in dem 1836 Fr. Hebbel wohnte. In Höhe der kleinen Mantelgasse mündet die Untere Straße in den Heumarkt ein, den der hübsche Erker des Café Scheu belebt. Rechts steht das Sibleyhaus ㉘, früher Gasthaus zum "Schwarzen Löwen" mit Biersiederei.

Die Häuser an der Westseite der Großen Mantelgasse standen einst an der alten Stadtmauer, dem "Mantel" der Ansiedlung, ehe Ruprecht II. die Grundfläche nach Westen hin verdoppelte. Aus den Trümmern des ehemaligen Mantelturms, der alten Stadtmauer und des Schlosses ließ die Stadt Mitte des 18. Jahrhunderts die mächtige Heuscheuer ㉙ als Zehntscheune errichten. Hier lagerten sie die Naturalsteuer, die gleichzeitig eine Nahrungsmittelreserve für die Bevölkerung darstellte. Nicht weit von hier, etwas östlich am Neckarufer, befand sich die Stadtmühle - auch Pfistermühle - für die Verarbeitung der Getreidevorräte. In dem mittelalterlich anmutenden Gebäude sind heute moderne Hörsäle untergebracht. Eine Tafel in der kleinen Grünanlage gegenüber erinnert an die Synagoge, welche die jüdische Gemeinde 1877/78 hier errichtet hatte. Als Opfer des nationalsozialistischen Terrors brannte sie 1938 nieder. Auch der freie Platz gegen den Neckar ist nach der Synagoge benannt. An ihn schließt sich nach Südwesten das Alte Zeughaus (30) an, meist Marstall genannt. 135 m lang ist die Neckarfront des Komplexes, die einst an den Fluß grenzte. 2 m dicke Mauern machten das einstöckige Gebäude zu einem Bollwerk an der Nordwestecke der Stadtbefestigung. Zur Hofseite mit ihren dünneren Mauern fingen Strebepfeiler den Druck der Gewölbe ab. Wo einst Kriegsmaterial für die Verteidigung gelagert wurde, werden heute die Studenten gespeist, bewacht von den spitzbehelmten Rundtürmen an den Nordecken. Weiteren Schutz, nämlich gegen Feuergefahr, soll die Darstellung eines Salamanders - mit bärtigem Männerkopf - bringen, die über dem westlichen Toreingang angebracht ist. Das eigentliche Marstallgebäude hatte Kurfürst Johann Casimir an der Südseite des Komplexes erbauen lassen, dort wo sich heute das neuzeitliche Kollegiengebäude erhebt. Im Erdgeschoß des reich gegliederten Renaissancebaus von etwa 150 m Länge waren die Stallungen untergebracht, im Obergeschoß Wohnungen. Die mächtige Dachfläche war von fünf dreistöckigen Zwerchhäusern unterbrochen, so daß sich ein gewaltiger Baukörper ergab, der jedoch 1693 mit der Stadt unterging.

Die Hauptstraße bei der Einmündung der Theaterstraße. Der Erker gehört zum Nachfolgebau des ehemaligen Wormser Hofs.

In der Vorstadt

Nach Westen schließt sich an das Zeughaus der "Krahnenplatz" an. An der Stelle, an der auf dem Merianstich von 1620 ein Ladekran zu erkennen ist, hat die Stadt in die Pflasterung eine Rosette einarbeiten lassen. Ein Denkmal von 1897 erinnert an den Heimatdichter Karl G. Nadler.
Zwischen Krahnenplatz und Zeughaus hindurch leitet uns die romantische Schiffgasse zur Hauptstraße hinauf. Rechts steht ein ansehnlicher Barockbau aus dem Jahre 1752, das Haus Raquet ㉛. Am Ende der Gasse fällt der Blick auf einen farblich etwas aufdringlich gestalteten Eckerker und ein Portal, die beide zu Heidelbergs Kinocenter gehören. Hier stand vor der Zerstörung der Wormser Hof ㉜, bis 1610 Stadtwohnung der Bischöfe von Worms. Sie verkauften das Anwesen an Kurfürst Friedrich IV. Nach der Zerstörung entstand unter Verwendung von alten Bauteilen das heutige Barockhaus.
Gehen wir die Hauptstraße in westlicher Richtung, so erreichen wir nach wenigen Metern das Kurpfälzische Museum ㉝ im Palais Moraß. An der Ausgestaltung des Barockbaus von 1712 erkennen wir, daß der Professor an der Universität Philipp Moraß finanziell

Kunstvoller schmiedeeisener Ausleger im Innenhof des Palais Moraß.

Information

Kurpfälzisches Museum, Hauptstraße 97, Tel. 583400. Nähere Informationen erteilt die Museumskasse, geöffnet Di-So 10-17 Uhr, Mi bis 21 Uhr, Montag geschlossen.

Tilman Riemenschneider (1460-1531): Windsheimer Zwölfbotenaltar, 1509.

← Tanzender Lar aus St. Leon-Rot, Ende 1. Jh. n. Chr.

Jagdgruppe von K.G. Lück, Porzellanmanufaktur Frankenthal, um 1762. →

Ernst Fries (1801-1833): Stift Neuburg und das Neckartal, 1833.

bei weitem besser gestellt war als die meisten Heidelberger Bürger in jener Notzeit. So entstand auf dem Grundstück des zerstörten Armenspitals der Stadt ein prächtiges Palais, das im Laufe der Jahrhunderte kaum Veränderungen hinnehmen mußte. Die zurückhaltend gestaltete Fassade der Straßenfront ist nur vom säulenflankierten Rundbogenportal und dem darüberliegenden Balkon plastisch gegliedert. Das Portal führt in einen stimmungsvollen Hof, der in einen idyllischen, parkähnlichen Garten mündet. Seit 1905 gehört das Gebäude der Stadt Heidelberg, die hier die Sammlung des Kurpfälzischen Museums unterbrachte, zu der Graimberg den Grundstock gelegt hatte. Kupferstiche und Gemälde aus vielen Jahrhunderten zeigen Stadt und Schloß Heidelberg sowie seine Kurfürsten. Weit älter sind die beiden vollständigen fränkischen Gräber (um 600), die römischen Steintafeln (um 100 n. Chr.) oder gar der Abdruck des Unterkieferknochens des "Homo heidelbergensis" (ca. 550.000 v. Chr.). Künstlerisch besonders wertvoll ist der Windsheimer Zwölfbotenaltar, ein Meisterwerk des Holzschnitzers Tilman Riemenschneider aus dem Jahr 1509. Neben den Ausstellungsstücken wird der Besucher sich an den kunstvollen Stuckdecken und dem stilvollen Treppenhaus aus der Entstehungszeit sowie dem herrlichen Festsaal erfreuen, der 1778 entstand. Hier im ersten Geschoß tafelten am 29.9.1815 Goethe und sein Landesfürst Karl August von Weimar als Gast der Baronin von Zyllenhardt, der damaligen Besitzerin.

Nicht weit entfernt vom Museum kommt auf der linken Straßenseite die Providenzkirche ㉞ ins Bild. Ursprünglich 1660 erbaut, mußte man das Gotteshaus nach 1700 erneut errichten. Sie steht auf dem Gelände des einstigen kurfürstlichen Herrengartens. Ihr Name leitet sich vom Ausspruch Karl Ludwigs (Kurfürst 1649-1680) her: "Dominus providebit" (der Herr wird sorgen). Nach ihm ist auch die nach Westen angrenzende Straße benannt.

Die folgende Straße rechts, die Bienenstraße, führt uns noch einmal an das Flußufer. An ihrer Einmündung dominiert das Kongreßhaus Stadthalle Heidelberg ㉟. Das Gebäude entstand um 1900 und ist rundum mit Köpfen von Prominenten und einfachen Leuten sowie Wappen und Symbolen geschmückt. In den Jahren 1979/80 ließ die Stadt ihre Halle umfassend und originalgetreu restaurieren und gleichzeitig mit der neuesten Technik für ein modernes Kongreßhaus ausstatten.

An beiden Schmalseiten pflegt die Stadt öffentliche Grünanlagen, im Osten den Montpellierplatz - benannt nach Heidelbergs französischer Partnerstadt - , im Westen den Jubiläumsplatz: Hier stand 1886 auf einem ehemaligen Zimmerplatz eine provisorische Festhalle aus Anlaß des 500jährigen Universitätsjubiläums. Hinter dem Platz gefällt inmitten der bunten Häuserfront ein schmales Fachwerkhaus. Es entstand in der Baulücke, in der früher die Bäckergasse einmündete. Ein paar Häuser weiter kündet ein

Blick von Westen auf das Hauptportal des Kongreßzentrums Stadthalle Heidelberg.

Wirtshausschild vom "Binsebub", einem Heidelberger Original, das einst Binsen zum Reinigen der Tabakspfeifen verkaufte. Die nächste Seitenstraße, die Ziegelgasse, verläuft in einer langen Rechtskurve zunächst seltsam flach gegen den Hang. Sie zeigt uns noch heute den Verlauf des Fahrweges, der aus der Neckarfurt mit "Anlauf" für die Gespanne in die höhere Vorstadt führte. Ihren Namen hat sie von der Ziegelei, die bereits 1363 am Ausgang der Gasse bestand.
Wir biegen links in die benachbarte Brunnengasse ein und wenden uns hier dem früheren Dominikanerkloster zu. Mit dem Ende der Kurpfalz wurde auch die Klosteranlage säkularisiert. Kurfürst Karl Friedrich von Baden überließ sie der Universität und ordnete an, daß die Klosterkirche als Gebäude der Anatomie ㊱ genutzt werden solle. Man teilte die Kirche waagrecht und senkrecht. Im Erdgeschoß hielten die Professoren im ehemaligen Chor ihre Vorlesungen in Anatomie, im Kirchenschiff lagen Sektionssaal, Präparatensaal, Labor und Leichenkammer. Ab 1847 ließ der Staat das heutige Gebäude im Stil des romantischen Klassizismus errichten. 1974 zog die Anatomie ins Neuenheimer Feld.
Parallel zur Alten Anatomie liegt an der Hauptstraße die Dreiflügel-Anlage des Friedrichsbaus ㊲ für den um 1860 die restlichen Klostergebäude samt der Kirche weichen mußten, um den expandierenden Naturwissenschaften Raum zu geben. In beiden Gebäuden residiert heute das Psychologische Institut. Das Denkmal im Ehrenhof ist dem Chemiker Bunsen gewidmet, der 44 Jahre lang in Heidelberg lehrte und lebte. An ihn erinnert auch

Der berühmte Chemiker Robert Bunsen schaut von seinem flachen Sockel auf das Wohnhaus "Zum Riesen", eines der ältesten Bürgerhäuser der Stadt.

eine der Tafeln am gegenüberliegenden Haus "Zum Riesen" 38 in welchem Kirchhoff 1859 seine mit Bunsen begründete Spektralanalyse auf Sonne und Sterne gewandt hatte und damit die Chemie des Weltalls erschloß. Später wirkte hier der bedeutende Geologe Wilhelm Salomon-Calvi. Das Gebäude entstand 1707 durch den Barockbaumeister Breunig für die Familie von Venningen im Stil der damaligen Zeit mit einem Rundbogenportal und dem darüber auskragenden Balkon mit Steinbalustrade. Über einem Blüten- und Fruchtgebinde erhebt sich das überlebensgroße Bildnis des Erbauers, das dem Haus seinen Namen gab.Von Venningen hatte die ausdrückliche Erlaubnis der kurfürstlichen Verwaltung, Steine des zerstörten Dicken Turms für seinen Wohnhausbau zu verwenden. Wir bummeln noch ein Stückchen westwärts durch Heidelbergs Fußgängerzone, die mit 1,6 km Länge zu den ausgedehntesten

in Deutschland zählt. Besonders hier, im mittleren und vorderen Teil, dominieren die Warenhäuser und kleineren Läden. Die Neugasse führt uns nach links zur schmalen Parallelstraße, der Plöck, wo wir sogleich auf die Sankt-Anna-Kirche ㊴ treffen. Sie gehörte zu dem Hospital, das nach 1714 die Armen und Kranken aller christlichen Konfessionen aufnahm. Die harmonische Scheinkuppel der Kirchenfassade fertigte Rabliatti gegen Ende des 18. Jahrhunderts. Heute ist im restaurierten Hospital ein modernes Altenzentrum untergebracht.
Wir bleiben nun bis zum Ende der Altstadtwanderung in der Plöck, der wir in Richtung Universitätsplatz folgen. In dieser Straße vor allem hatten sich nach ihrer Zwangsumsiedlung Ende des 14. Jahrhunderts die Bewohner des Dorfes Bergheim niedergelassen. Bereits an der nächsten Straßenkreuzung begegnet uns ein

Die enge Hauptstraße mündet hier in den Bismarckplatz, Heidelbergs Zentrum und Drehscheibe für den Nahverkehr.

weiterer historischer Bau, das Alte Waisenhaus ㊵. Ursprünglich barockes Bürgerhaus, diente es ab 1756 als Hospital für die Reformierten.

Hier öffnet sich die Plöck zum Friedrich-Ebert-Platz, früher Wredeplatz, allerdings abgetrennt durch einen eigentümlichen Säulenbau, errichtet 1927. Ihm gegenüber liegen die langgestreckten Gebäude der ehemaligen Naturwissenschaftlichen Institute ㊶. In dem Pavillon an der Straßenecke wohnte Bunsen.

An der nächsten Querstraße, der Märzgasse, lädt eine kleine Grünanlage zum Verweilen ein, der "Märzgarten". Auf ihn hinüber schauen von der Märzgasse aus die Fenster des schön restaurierten Palais von Wieser ㊷, entstanden Anfang des 18. Jahrhunderts. Hier wohnte von 1840 bis 1870 der bedeutende Jurist von Vangerow, in seinem Nachbarhaus (Nr. 16) der bekannte Astronom Max Wolf (1863-1932). Er machte sich durch die Entwicklung der photographischen Methode in der Sternenbeobachtung einen Namen. Der Begründer der Heidelberger Sternwarte ließ sich bereits als Student eine turmartige Beobachtungsstation im elterlichen Hof erbauen, die noch heute vorhanden ist.

In der Plöck Nr. 44 steht ein weiteres Gotteshaus, die Erlöserkirche ㊸. 1724 für die Dominikanerinnen entstanden, dient sie

Prächtige Schaufront der Universitätsbibliothek.

heute den Gottesdiensten der altkatholischen und - zweimal im Monat in englischer Sprache - der anglikanischen Kirche.
An der Einmündung der Sandgasse weitet sich die Plöck trichterförmig zwischen der Peterskirche und der Universitätsbibliothek ㊹. Sie wurde ab 1903 auf dem Gelände des Augustinerinnenklosters erbaut. Weder von den typischen barocken Klostergebäuden noch vom Klostergarten - gegen die Plöck - blieben Teile erhalten mit Ausnahme des Portals, das man im Museum besichtigen kann. Die Bibliothek ist im Besitz von immerhin 890 meist deutschen Handschriften, die aus der im 30jährigen Krieg entführten weit umfangreicheren "Bibilotheca palatina" vom Vatikan zurückgegeben wurden. Von den anderen Handschriften in Rom besitzt sie jedoch wenigstens Kopien. Die Manessische Liederhandschrift, die dem Kurfürsten Friedrich IV. gehörte, konnte 1888 zurückerworben werden und ist heute das kostbarste Zeugnis hochmittelalterlicher Buchkultur.
Am Platz der heutigen Peterskirche ㊺ außerhalb der Mauern stand im Mittelalter ein bescheidenes Gotteshaus, das dennoch Pfarrkirche der Stadt war. Im Jahr 1400 trat die Heiliggeistkirche an ihre Stelle, die kleinere Peterskirche übergab König Ruprecht I. an die Universität. Ihre heutige Gestalt erhielt

Universitätsbibliothek: Darstellung des berühmten Minnesängers Walter von der Vogelweide in der Manessischen Liederhandschrift.

Blick durch das neugotische Mittelschiff der Peterskirche, die über Jahrhunderte Universitätskirche und Grablege von Professoren war.

das Gotteshaus um 1490, allerdings säulenfrei mit einer flachen Holzdecke, doch wurde es durch mehrere Umbauten verändert. Heute zeugen lediglich die zahlreichen Grabdenkmäler von bedeutenden Bürgern und Professoren des 15.-19. Jahrhunderts von dem historischen Erbe der Kirche.
Universitätsbibliothek und Peterskirche werden von der Grabengasse tangiert, über die wir zum Ausgangspunkt unserer Altstadtwanderung, dem Universitätsplatz, hinuntergehen.

Der Philosophenweg

Beim Bismarckplatz führt die Theodor-Heuss-Brücke zum nördlichen Neckarufer. Die zweite Querstraße in Verlängerung der Brücke führt rechts zum Beginn von Heidelbergs berühmtem Schaupfad, dem Philosophenweg. Er steigt zunächst recht steil bergan. In Höhe der einzigen Straßeneinmündung begegnen uns Institutsgebäude der Fakultät für Physik und Astronomie. Der Weg wird bald ebener und bietet einmalige Ausblicke über den Fluß, die Stadt, das Schloß und den bewaldeten Königstuhl (568 m). Beim gepflegten Philosophengärtchen haben wir die Höhe der Schloßruine erreicht. Hier finden wir auch zwei steinerne Wegweiser für Wanderfreunde, wie sie überall im Heidelberger Stadtwald anzutreffen sind. Der steile Pfad oberhalb des Parks führt zur Eichendorff-Anlage. Hier erinnert eine Gedenktafel an den romantischen Dichter, der 1807/08 in Heidelberg studierte. Oberhalb verläuft der "Obere Philosophenweg", von dem aus wohl Merian seine Heidelberg-Ansicht von 1620 schuf.
Die freiere Aussicht jedoch bietet der untere Philosophenweg, der uns am Hang des Heiligenbergs entlang führt. Zwei weitere Anlagen sind der Liselotte von der Pfalz und dem Dichter Hölderlin gewidmet samt seiner romantischen Ode auf Heidelberg: "Lange lieb' ich dich schon....".
Bei der Hölderlin-Anlage beginnt ein Hohlweg, der uns über die Hirschgasse talwärts führt. Bevor wir die Ziegelhäuser Landstraße im Talgrund erreichen, passieren wir den Komplex des Hotels Hirschgasse, einen ehemaligen "Paukboden" (= Platz, an dem mit scharfen Waffen gefochten wurde) der Studentenschaft. Hier schlug man unzählige Mensuren, während die Kämpfe auf Leben und Tod in den angrenzenden Wäldern ausgetragen wurden.
In der Ziegelhäuser Landstraße, hier zwischen Schleusensteg und Alter Brücke, wohnte als Jurastudent Viktor von Scheffel. Von ihm stammt eines der weltbekannten Lieder über die Neckarstadt: "Alt Heidelberg, du feine, du Stadt an Ehren reich".

Philosophenweg: Gedenkstein an Liselotte von der Pfalz, die unglückliche Kurfürstentochter.

Handschuhsheim

In Verlängerung der Theodor-Heuss-Brücke geht der Stadtteil Neuenheim - wo einst die Römersiedlung stand - nach etwa einem Kilometer fast unmerklich in den Stadtteil Handschuhsheim über. Wo die Hauptstraße nach halb links abknickt, führt uns die Steubenstraße geradeaus in das Zentrum des alten Dorfes (urkundlich erwähnt 765). Die Steubenstraße endet an der "Tiefburg", einer Wasserburg aus dem 13. Jahrhundert, die - wie Heidelberg und die ganze Umgebung - Opfer des Erbfolgekriegs von 1689/93 wurde. Am Tiefburgplatz gefällt das ansprechend renovierte "Schlößchen" mit seinem stilvollen Treppenturm und der barocken Zwiebelhaube. Das ehemalige Landgut ist heute Domizil der städtischen Musik- und Singschule.
Vom angrenzenden Park erkennt man schon bald die Mauern von Heidelbergs ältestem Gotteshaus, der St.-Vitus-Kirche. Vom alten Baubestand des 11. Jahrhunderts ist der trutzig wirkende Westturm erhalten. Langhaus und Chor wurden 1483 in spätgotischem Stil verändert, 1933 die modernen Bauteile seitlich angefügt. Sehenswert sind neben den Fresken des 15. Jahrhunderts die bedeutenden Doppelgrabmäler im ehemaligen Chor der Kirche, links die der Geschwister Hans und Barbara, gegenüber die ihrer Eltern, Heinrich von Handschuhsheim und Amale Beußer von Ingelheim mit den beiden Kindern. Die Inschriften erzählen von der Tragik der Familie und besonders der Mutter, die 1588 ihren Mann, 1599 die Tochter und ein Jahr später den 15jährigen Sohn verlor, mit

Ruine der Michaelsbasilika auf dem Heiligenberg. ➔

St.-Vitus-Kirche: Gedenkstein für die Familie des Heinrich von Handschuhsheim.

dem dann die Familie ausstarb. Hans hatte bei einem Duell mit dem ebenfalls jugendlichen Friedrich von Hirschhorn auf dem Marktplatz in Heidelberg den Tod gefunden. Beide Epitaphien sind meisterhaft im Stil der Renaissance gestaltet, und man könnte an den sorgfältig ausgebildeten Kleidungsstücken Modebetrachtungen anstellen. Die beiden anderen Doppelgrabmäler erinnern an "Dyther" von Handschuhsheim (+ 1487) und Margaretha von Handschuhsheim (+ 1500). Beide sind in spätgotischem Stil geschaffen, wobei das letztere mit den vollplastischen Figuren gleichzeitig das künstlerisch bedeutendste der Vituskirche ist.

Der Heiligenberg

Vom Tiefburgplatz erreicht man mit dem PKW bequem die Höhe des Heiligenbergs und seinen Parkplatz. In seiner Nähe erkennen wir noch die Grundmauern des Stephansklosters und seiner kleinen Kapelle, erbaut im 11. Jahrhundert von den Mönchen des benachbarten Michaelsklosters. Beide wurden um 1500 aufgegeben und verfielen.
Aus den Trümmern des Stephansklosters errichteten Freunde des Heiligenbergs 1885 den Aussichtsturm im Stil der Burgenromantik. Der Ausblick von hier, aus 375 m Höhe, auf das tief eingeschnittene Neckartal, die Dächer der Altstadt und von oben auf die Schloßruine vor dem Königstuhlmassiv ist überwältigend.
Zum Hauptgipfel sind noch 65 Höhenmeter zu überwinden. Zwischen den Gipfeln ließen die Nationalsozialisten 1935 durch

den "Arbeitsdienst" eine "germanische Thingstätte" erbauen, die als Freilicht-Feierstätte geplant war. Über ihre Stufen oder den benachbarten Waldweg erreichen wir den höchsten Punkt des Berges. Gedenktafeln berichten von den Kelten, die zwischen 500 und 100 v. Chr. in dieser Gegend lebten. Hier oben erbauten sie zum Schutz gegen die nachrückenden Germanen eine Fliehburg, die aus zwei Wällen von 3 bzw. 2 km Umfang mit je zwei Durchlässen bestand. Die Wälle umfaßten eine Siedlung sowie im Außenbereich Weideflächen für das Vieh. Genau am Berggipfel stand das Michaelskloster, gegründet um 870 durch Lorscher Mönche. Nach der Jahrtausendwende bauten sie die Basilika in romanischem Stil um und weihten sie "allen Heiligen". Auf diese Art kam der Heiligenberg zu seinem Namen. Die heute gesicherten Grundmauern zeigen eindrucksvoll die Baulichkeiten der früheren Klosteranlage, die, wie das Stephanskloster, um 1500 verlassen wurde.

Neuenheim

Obgleich dieser Ortsteil zur Zeit der Römer das Zentrum der Besiedlung auf Heidelberger Gemarkung darstellte, hatte er bis zum Anfang des 20. Jahrhunderts lediglich die Rolle einer Wohnsiedlung gespielt, umgeben von Gärten und Feldern. Bereits 1912 plante die Universitätsverwaltung das Auslagern der naturwissenschaftlichen Fakultäten ins Neuenheimer Feld. Jedoch erst 1936 wurde mit der Chirurgischen Klinik der erste Gebäudekomplex westlich der Berliner Straße eingeweiht, dem bis in die heutige Zeit Neubau an Neubau erfolgte. Inzwischen ist dieses Gebiet umfangreicher als das der Altstadt. Daneben entstand der riesige Komplex des Deutschen Krebsforschungszentrums (1972). Der ältere Botanische Garten ist inzwischen ringsum von Universitätsbauten umgeben, während sich der äußerst sehenswerte Zoo ebenso wie die Sportanlagen, die Jugendherberge und das städtische Freischwimmbad wie ein Schutzwall zwischen das bebaute Gebiet und den Neckar schieben. Hinter dem Universitätssportgebiet hat man die Bundesleistungszentren für Schwimmen, Basketball, Volleyball und Tischtennis untergebracht.

Der Königstuhl

Mit 568 m bildet er - nach dem Katzenbuckel bei Eberbach - die zweithöchste Erhebung des Odenwalds. Mehrere Möglichkeiten bieten sich dem Heidelberger, seinen Hausberg zu erklimmen: zu Fuß bequem über Serpentinenwege oder schweißtreibend und direkt über die "Himmelsleiter", mit dem Kraftfahrzeug ab der Friedrich-Ebert-

Alte Bergbahn am Königstuhlgipfel.

← Neue Bergbahn zwischen Stadt und Molkenkur.

Anlage oder der Rohrbacher Straße sowie - am beschaulichsten - mit der interessanten Seilzug-Bergbahn. Die untere Bahn, die man inzwischen modernisiert hat, führt seit 1890 vom Kornmarkt über die Zwischenstation "Schloß" zur "Molkenkur". Auf diesem Vorberg stand einst die zweite Burg Heidelbergs, bis sie 1537 durch Blitzschlag zerstört wurde. Von hier aus belagerte Tilly 1632 Schloß und Stadt, ehe beide - erstmalig in der Geschichte - erobert wurden. Ihren Namen erhielt die Höhe von der Molkenkuranstalt, die hier ab Mitte des 19. Jahrhunderts betrieben wurde. Ihr Besitzer hielt um die 50 Ziegen, aus deren Milch er Käse und - als Nebenprodukt - Molke herstellte, die damals als Heilmittel gegen "Blutarmut" galt. Das heutige Höhenrestaurant birgt noch den Kern dieses Gebäudes in seinen Mauern und ermöglicht einen herrlichen Ausblick über den Odenwald und die Rheinebene.
Seit 1907 überwindet die obere Bergbahn die 280 m Höhenunterschied zum Berggipfel knarrend, aber zuverlässig und auf direktem

Weg. Oben wartet eine grandiose Aussicht von den Terrassen der Bahnstation und der Höhengaststätte; bei besonders guter Sicht lohnt die Fahrt auf den Aussichtsturm. Zahlreiche Spazierwege ermöglichen die Erkundung des hier oben recht flachen Waldgebiets, in dem sich ein "Märchenparadies" - als Attraktion für Kinder - und die Sternwarte (1898) verbergen. In ihrer Nachbarschaft entstand 1976 das Max-Planck-Institut für Astronomie.
Das Königstuhlgebiet fällt nach Süden hin ganz allmählich ab und ist dicht durch Wanderwege erschlossen. Die Hinweise und Pfeile auf den Findlingen an den Wegkreuzungen führen den Wanderer an manch sehenswerte Orte: den Kohlhof mit seinen Obstbaumhängen - im Winter Heidelbergs Skigebiet - , der Fachklinik und dem Posseltslustturm, zur Wegkreuzung "Drei Eichen" sowie zum "Blockhaus" mit der 1904 angepflanzten Rhododendron-Anlage und den über 100jährigen Mammutbäumen.

Am Westhang des Waldgebiets liegt nahe dem Krankenhaus Speyererhof und dem städtischen Wirtschaftsgut Bierhelder Hof der 1934 angelegte Ehrenfriedhof, der eindrucksvoll die "Straße in die Unendlichkeit" symbolisiert. Die Namen von 520 gefallenen oder im Lazarett verstorbenen Soldaten sind in die 28 Riesenquader von je 130 Zentner Gewicht eingeschlagen, die den Hauptweg säumen. Nach dem 2. Weltkrieg legte man links von der Aufmarschstraße ein weiteres Gräberfeld mit einem Ehrentempel für noch viel mehr sinnlos geopferte junge Menschen an.
Die Hauptachse des Ehrenfriedhofs weist genau auf den stimmungsvollen Bergfriedhof vor Heidelbergs Weststadt. Hier hat eine Reihe bedeutender Persönlichkeiten ihre letzte Ruhe gefunden: der erste Reichspräsident Friedrich Ebert, der Dirigent Wilhelm Furtwängler, der Schloßkonservator von Graimberg, der Chemiker Robert Bunsen, der Pfälzer Poet Nadler und viele andere mehr. Als eine der ersten Städte erbaute Heidelberg 1891 ein Krematorium für seinen Zentralfriedhof und ermöglichte so die Feuerbestattung.

Eine Fahrt ins Neckartal

In Höhe des Kongreßhauses ankern die Schiffe der "Weißen Flotte". Bei der Fahrt flußaufwärts durch das berühmte Neckartal lassen wir bald die enge Bebauung der Kernstadt hinter uns. Die Berge rücken näher an den Fluß, am Ufer bleibt teilweise nur Platz für die Straßen und die Bahnlinie. Wo sich das Tal links zu einem Wiesenhang öffnet, erkennen wir am Ufer den Gebäudekomplex des Hotels "Haarlaß". Hier befand sich einst eine der beiden Ziegeleien des benachbarten Stifts Neuburg, das hell und freundlich vom Hügel grüßt. Teile eines Gebäudes aus der Zeit um 1300 sind

noch im Kern der heutigen Klosterkirche erhalten. Die Baulichkeiten dienten im Laufe der Jahrhunderte Mönchen und Nonnen (ab 1195) als Heimstatt und Ort ihrer Andacht, ehe das Kloster 1562 aufgelöst und in ein Stift für unverheiratete adlige Damen umgewandelt wurde. Im 19. Jahrhundert war hier eine bedeutende Goethe-Gedenkstätte eingerichtet. Seit 1929 gehören die Gebäude wieder dem Benediktinerorden. Seine Mönche betreiben neben einer vorbildlichen Landwirtschaft auch Gartenbau und sind für ihre Efeu-Zucht bekannt.
Nach den Ziegeleien des früheren Klosters heißt der Stadtteil hinter Stift Neuburg Ziegelhausen. Eine Brücke verbindet ihn mit dem gegenüberliegenden Ortsteil Schlierbach. Nach einer weiteren Schleusendurchfahrt und etwa 6 km Fahrt erreichen wir die alte Freie Reichsstadt Neckargemünd, die einen malerischen Ortskern besitzt. Von hier aus bestürmte Tilly 1622 vergeblich die nahe Festung Dilsberg, die als einzige in der Gegend seinen Truppen widerstand. Weithin sichtbar erhebt sie sich auf einem Umlaufberg des Neckars, die Zinnen stolz zum Himmel erhoben. Von hier oben hat man einen herrlichen Rundblick über die Neckarschleifen und auf die "Vierburgenstadt" Neckarsteinach. Besitzer der Burgen waren die "Landschaden" von Steinach, die diesen zweifelhaften Ehrentitel von einem ihrer Vorfahren, dem Raubritter Bligger von Steinach, geerbt hatten. Grabdenkmäler der Adelsfamilie finden sich in der evangelischen Kirche Neckarsteinachs, wo auch die Schiffahrt ab Heidelberg meist endet.

Die ehemalige Reichsstadt Neckargemünd mit ihrer gepflegten Neckarfront zwischen den Pfarrkirchen.

Veranstaltungen

Heidelbergs meistbesuchte Veranstaltung ist zweifellos die Schloßbeleuchtung, die, verbunden mit einem Großfeuerwerk von der Alten Brücke, jährlich etwa dreimal im Sommer stattfindet. Den besten Überblick hat man vom rechten Neckarufer, vom Philosophenweg und von der Theodor-Heuss-Brücke, wenngleich es nicht möglich ist, hier einem Gedränge zu entgehen. Die berühmte Schloßbeleuchtung erinnert an die Großbrände 1689/93 und 1764, als die Residenz der Kurfürsten in Flammen stand. Am 20. Juli 1807 entzündete man im Schloßgarten große

Holzstöße zu Ehren des Prinzen Karl von Baden und seiner Gattin. Das war die erste Schloßbeleuchtung, der in den Jahren 1815 und 1830 zwei weitere folgten, erneut zu Ehren hoher Gäste. 1860 schließlich gab es die erste "bengalische" Beleuchtung der Schloßruinen, wie sie noch heute effektvoll durchgeführt wird.
Ebenfalls in den Sommermonaten werden die Schloßspiele vor dem Hintergrund der Prunkbauten Ottheinrichs und Friedrichs IV. aufgeführt. Am berühmtesten ist die englische Fassung des romantischen Musicals "Student Prince", das bereits verfilmt wurde. Beide Veranstaltungen tragen dazu bei, daß Heidelbergs Name in aller Welt seinen guten Klang erhält.

Schloß- und Brückenbeleuchtung in Heidelberg mit Brillantfeuerwerk über der Altstadt.

Wissenswertes

Notruf der Polizei: Tel. 110

Feuer: Tel. 112

Ärztl. Notdienst: Tel. 19292

Krankentransporte: Tel. 858 88

Alte Universität: Studentenkarzer, Augustinergasse, Tel. 542334

Apothekenmuseum: Im Ottheinrich-Bau des Schlosses, Tel. 25880

Bergbahn: Talstation Kornmarkt, Tel. 22796

Bootsverleih: Theodor-Heuss-Brücke und Kongreßhaus, Tel. 22607

Bundesbahn-Auskunft: Tel. 27156 oder 525349

Campingplätze: HD-Schlierbach, Tel. 802506, Haide Tel. 06223/2111

Fahrradverleih: Hauptbahnhof am Paketschalter (April bis September)

Fundbüro: Vangerowstr. 2, Tel. 581784

Führungen: April bis Oktober: Fr, Sa, So + Feiertage, November bis März: nur Samstag, Treffpunkt: jeweils 14 Uhr auf dem Universitätsplatz, Dauer: ca. 2 Stunden

Gästeführungen: Congress & Incoming Service, Tel. 166097 + 29641

Hallenbäder: "Im DHC", Am Bismarckplatz, Tel. 58797

Jugendherberge: Tiergartenstraße 5, Tel. 412066, nur mit gültigem Jugendherbergsausweis

Kinderparadies: Königstuhl, geöffnet März bis Oktober, tägl. 10-18 Uhr, Tel. 23416

Kinos: Lux-Harmonie, Tel. 22000; Kammer, Tel. 21550; Kamera, Tel. 45802, Studio Europa, Tel. 25600; Schloß, Tel. 20525; Gloria, Tel. 25319

Kunstverein: Hauptstraße 97, Tel. 184086, wechselnde Ausstellung

Kurpfälzisches Museum: Hauptstr. 97, Tel. 583402, geöffnet Di.-So. 10-17 Uhr, Do. bis 21 Uhr

Mietwagen: Avis, Tel. 22215; Inter Rent, Tel. 20845; Hertz, Tel. 23434

Parken: siehe Stadtplan

Polizei: Rohrbacher Str. 11, Tel. 520-0

Postämter: Belfortstraße, Sofienstraße, Grabengasse, Tel. 551

Schiffsausflüge: Rhein-Neckar-Fahrgastschiffahrt, Tel. 20181
Personenschiffahrt Hornung, Tel. 480064

Schloß: Innenführung von 9-16 Uhr, Gruppen nach Vereinbarung, Schloßkasse, Tel. 53840

Schloßbeleuchtung: ca. 3mal im Sommer, Termine bei Tourist Information

Schloßspiele: Freilichtaufführungen im Heidelberger Schloß, Ende Juli bis Ende August, Tel. 58980

Stadtbücherei: Poststr. 15, geöffnet Di.-Fr. 10-20 Uhr, Sa. 10-16 Uhr, Tel. 583613/14

Stadtrundfahrten: Ab Bismarckplatz und Hauptbahnhof, Sommer: täglich 10 und 14 Uhr, Winter: Samstag 14 Uhr, Tel. 513-721/22221

Stadtverwaltung: Rathaus, Marktplatz 10, Tel. 58-1

Sternwarte: HD-Königstuhl: Tel. 5090; Führungen nach Vereinbarung

Taxi: Tel. 302030, Minicar: Tel. 49995

Textilmuseum: Ziegelhausen, alte evangelische Kirche, Mi., Sa. und So. 13-18 Uhr, Tel. 800317

Theater: Städt. Bühne, Theaterstr. 4, Tel. 583520/21; Zimmertheater, Hauptstr. 118, Tel. 21069; In der Alten Krone, Brückenkopfstr. 1, Tel. 44149; Im Romanischen Keller, Seminarstraße, Tel. 471679

Tourist Information:
6900 Heidelberg, Am Hauptbahnhof, Postfach 105860, Tel. 06221/21341, Mo.-Sa. 9-19 Uhr, So. 10-18 Uhr;
Am Neckarmünzplatz, Tel. 25834, 29641 (im Winter geschlossen)

Universitätsbibliothek: Ausstellungsraum, Plöck 107-109, Tel. 542380

Veranstaltungen: Auskunft erteilt der Verkehrsverein Heidelberg, Tel. 10821

Verkehrsverein: Friedrich-Ebert-Anlage 2, Stadtgarten, Tel. 10821

Völkerkunde-Museum: Hauptstraße 235, Tel. 22067

Zimmervermittlung: Tourist-Information am Hauptbahnhof, Tel. 27735/21341

Zoo: Tiergartenstr., geöffnet 9-19 Uhr, im Winter 9-17 Uhr, Tel. 480041

Zollamt: Kurfürsten-Anlage 25, Tel. 5306-39

Stichwortverzeichnis

Molkenkur
Schloß-Molkenkurweg
Schloß-Wolfsbrunnenweg
Station
WC
Burgweg
Kanzleigasse
Karlstraße
Karlsplatz
Friesenberg
Plankengasse
Kisselgasse
Mönchgasse
Obere Neckarstraße
Karlstor
Neckarmünzplatz
WC
Am Hackteufel
Ziegelhäuser Landstraße
Hölderlinweg
7
8
9
10
11
12
13
14
15
16

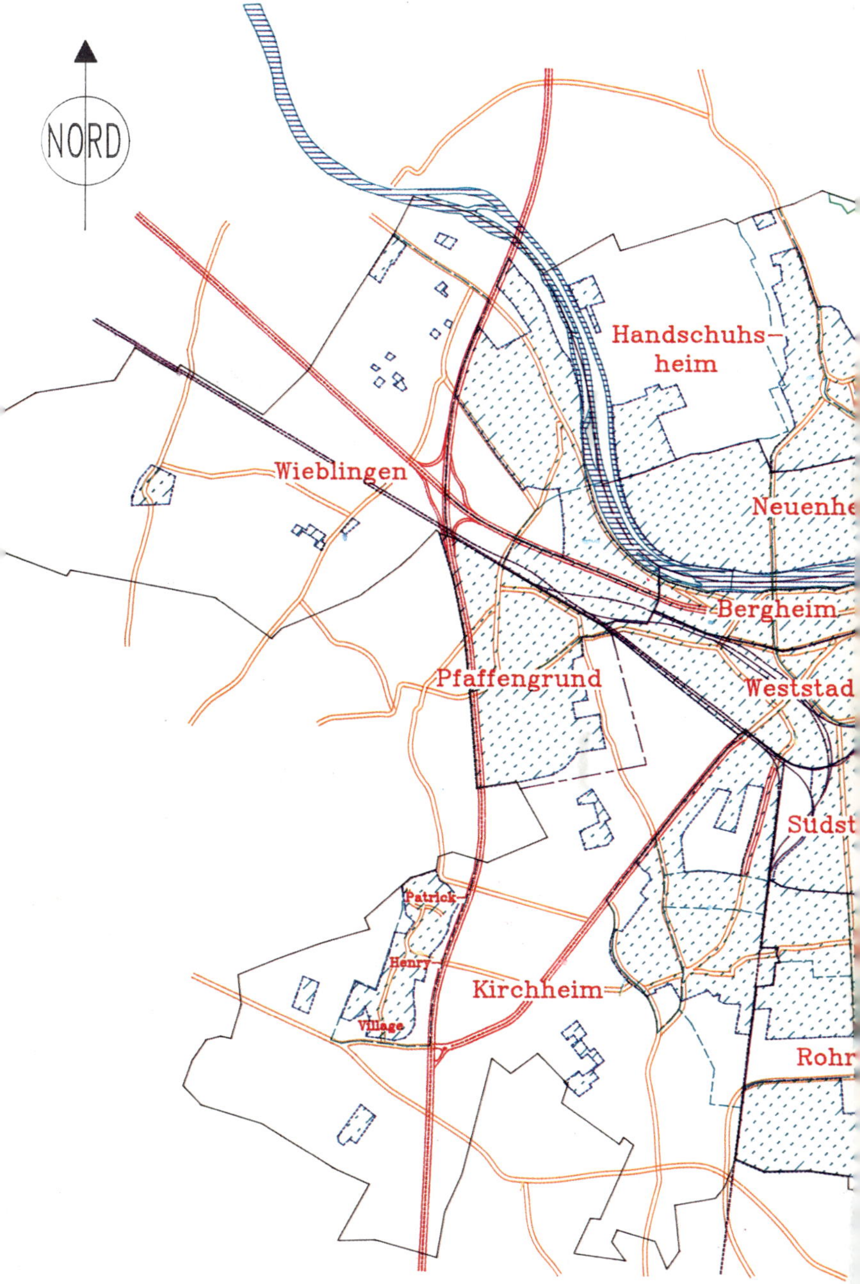
NORD
Handschuhs-
heim
Wieblingen
Neuenhe
Bergheim
Pfaffengrund
Weststad
Südst
Patrick-
Henry-
Village
Kirchheim-
Rohr

ıs

ıeke
ıstkirche
ıer"
ıes Haus
sches Haus
ıor
ıchule"
ıus „Cajeth"
ıisstätte Friedrich Eberts
ıscher
ıus
ıuer

31 Haus Raquet
32 „Wormser Hof"
33 Kurpfälzisches Museum
34 Providenzkirche
35 Stadthalle Heidelberg
36 Anatomie
37 Friedrichsbau
38 „Zum Riesen"
39 St. Anna-Kirche
40 Altes Waisenhaus
41 Naturwissensch. Institute
42 Adelspalais „von Wieser"
43 Weißnonnenkloster
44 Universitätsbibliothek
45 St. Peterskirche

P Parken
WC Toiletten
Telephon
Bergbahn
Schiffsanlegestelle
Post
Information

1. Alte Universität
2. Hexenturm
3. Jesuitengymnasium
4. Collegium Academicum
5. Jesuitenkirche
6. Mittelbadgasse
7. Kornmarkt
8. Graimberghaus
9. Großherzogliches Palais
10. Mittermaierhaus
11. Palais Boisserée
12. Buhlsches Haus
13. Palais Weimar
14. Karlstor
15. Schmitthennerhaus
16. Nebelha
17. Rathaus
18. Hofapot
19. Heiligge
20. Der „Rit
21. Medersc
22. Traitteu
23. Brücken
24. „Neckar
25. Barockh
26. Gedächt
27. Palais R
28. Sibleyha
29. Heusche
30. Marstall

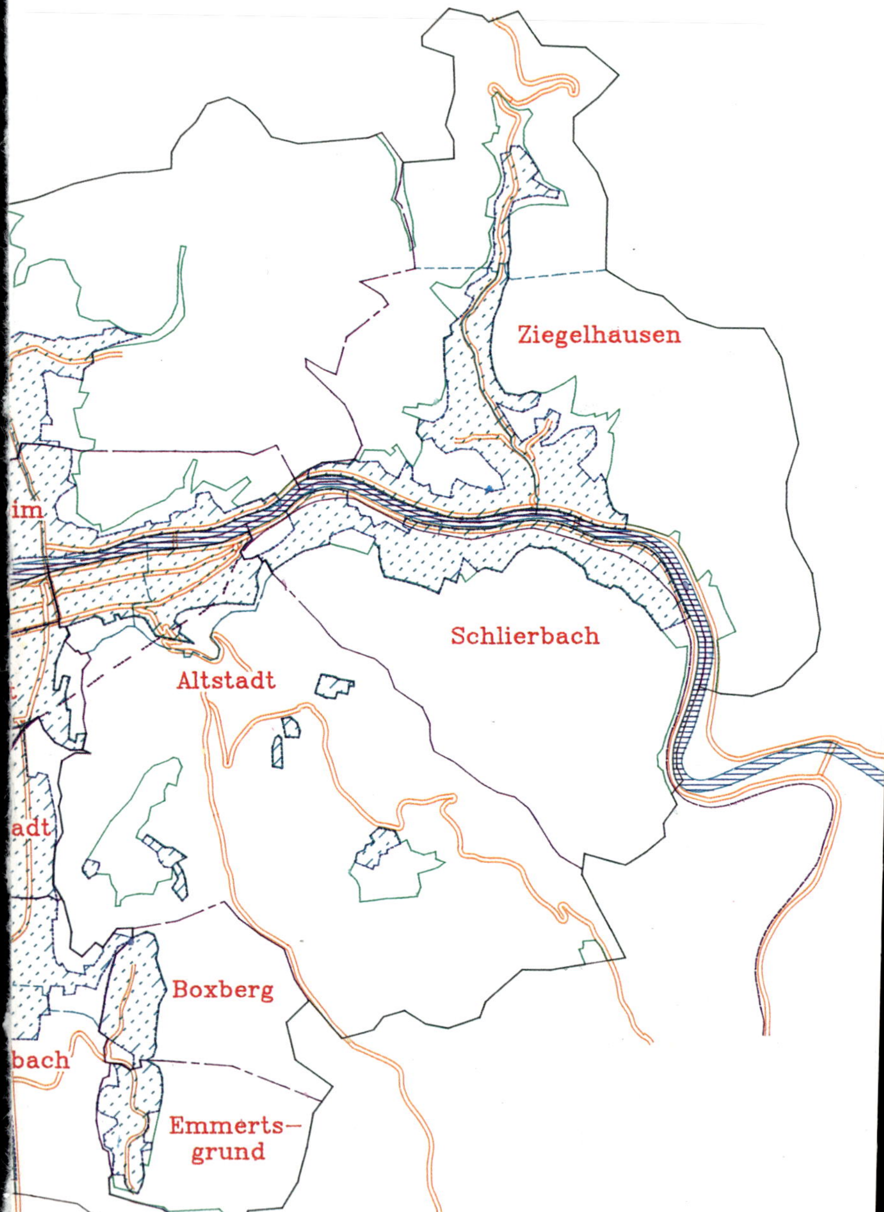

Ziegelhausen
im
Schlierbach
Altstadt
adt
Boxberg
bach
Emmerts-
grund

© **Kraichgau-Verlag, 69232 Dielheim**
Mühlhausener Straße 25, Tel. 0 62 22 / 7 46 22, Fax 0 62 22 / 7 48 95
Text: Max Stolpmann
Übersetzungen: Kern, Mannheim
Lithos: Repro-Durst, Wiesloch
Satz: Fototype-Studio Brenner, Sinsheim
Druck: Plano-Druck, Sinsheim

Bildnachweis:
Werbeagentur Knopf: Titel, Rücktitel oben u. unten, S. 3; Kurpfälzisches Museum: S. 1, 5, 18, 19, 25, 71; Foto-Lossen: S. 21, 22, 23, 24, 26, 77; Ebert-Gedächtnisstätte: S. 66 unten; Foto-Spahn: S. 88/89; alle anderen Aufnahmen im Archiv des Herausgebers.
Grundrißplan des Heidelberger Schloßes S. 28/29 mit freundlicher Genehmigung des Verlages Guderjahn, Heidelberg.
Wegeverkehrsplan S. 95/96 mit freundlicher Genehmigung des Vermessungsamts der Stadt Heidelberg.

ISBN-3-929 228-08-4

KRAICHGAU VERLAG